Rakkaus:
Laint täyttymys

Rakkaus:
Laint täyttymys

Dr. Jaerock Lee

Rakkaus: Laint täyttymys, Tekijä Dr. Jaerock Lee
Julkaisija Urim Books (Edustaja: Sungnam Vin)
73, Yeouidaebang-ro 22-gil, Dongjak-gu, Seoul, Korea
www.urimbooks.com

Kaikki oikeudet pidätetään. Tätä kirjaa tai mitään sen osaa ei saa kopioida missään muodossa, ilman kustantajan kirjallista lupaa.

Copyright © 2020 by Dr. Jaerock Lee
ISBN: 979-11-263-0531-5 03230
Suomenkielisen laitoksen Copyright © 2015 by Dr. Esther K Chung.
Käytetty luvalla.

Julkaistu aikaisemmin koreaksi 2009, Urim Books, Seoul, Korea

Julkaistu ensimmäisen kerran helmikuu 2020

Eelnevalt kirjastatud korea keeles 2009. aastal: Urim Books, Söul, Korea

Toimittanut: Geumsun Vin
Suunnittelu: Editorial Bureau of Urim Books
Painaja: Prione Printing
Lisätietoja varten ota yhteyttä: urimbook@hotmail.com

*"Rakkaus ei tee lähimmäiselle mitään pahaa.
Sentähden on rakkaus lain täyttämys."*

Room.13:10

 Esipuhe

Toivoen että tämän lukijat saisivat päästä Uuteen Jerusalemiin hengellisen rakkauden kautta.

Isossa Britanniassa eräs mainostoimisto järjesti kilpailun missä se kysyi ihmisiltä mikä oli nopein tapa päästä Skotlannin Edinburghista Englannin Lontooseen. Parhaiten vastanneelle henkilölle luvattiin suuri palkinto. Parhaaksi valittu vastaus sanoi "matkusta rakkaimpasi kanssa." Me ymmärrämme että jopa pitkäkin matka tuntuu lyhyeltä jos me matkustamme sen meille rakkaiden ihmisten kanssa. Samalla tavalla meille ei ole vaikea elää Jumalan Sanan mukaisesti jos me rakastamme Häntä (1. Joh. 5:3). Jumala ei antanut meille Lakiaan ja käskenyt meitä pitämään käskynsä tehdäkseen meidän elämästämme vaikeaa.

Sana "laki" tulee heprean sanasta "torah" mikä tarkoittaa "opetusta" tai "käskyjä." Yleensä toorahilla tarkoitetaan Pentateukkiia mikä pitää sisällään kymmenen käskyä. "Lailla" kuitenkin viitataan joko Raamatun 66 kirjaan niiden kokonaisuudessaan tai sitten Hänen käskyihinsä jotka käskevät meitä pitämään joitakin asioita tai sitten tekemään tai pidättäytymään jonkin tekemisestä tai heittämään jotakin pois.

Ihmiset voivat luulla että rakkaus ja laki eivät liity toisiinsa mutta me emme voi pitää Lakia jos me emme rakasta Jumalaa. Me voimme täyttää Lain vasta sitten kun me teemme niin rakkaudessa.

Seuraava tarina näyttää meille rakkauden voiman. Nuori mies tippui maahan lentäessään pienellä koneella aavikon halki. Hänen isänsä oli erittän rikas mies ja hän palkkasi etsintäpartion löytääkseen poikansa. He eivät kuitenkaan onnistuneet löytämään poikaa. Isä levitti miljoonia lentolehtisiä ympäri koko aavikon. Hän kirjoitti lehtisiin näin; "Poikani, minä rakastan sinua." Aavikolla vaeltava poika löysi yhden lehtisen ja sai tästä niin paljon voimaa että hän pysyi hengissä siihen saakka että hänet lopulta pelastettiin. Tämän isän rakkaus pelasti hänen poikansa. Samalla tavalla kuin tämä isä levitti lentolehtisiä ympäri koko aavikon, niin myös meilläkin on velvollisuus levittää Jumalan rakkautta lukemattomille sieluille.

Jumala todisti Hänen rakkautensa lähettämällä Hänen ainoan Poikansa tämän maan päälle pelastamaan syntisen ihmiskunnan. Jeesuksen ajan kirjanoppineet kuitenkin keskittyivät Lain muotoseikkoihin ymmärtämättä Hänen todellista rakkauttaan. Lopulta he tuomitsivat Jumalan ainoan Pojan, Jeesuksen, harhauskoisena ja Lakia rikkovana ristiinnaulittavaksi. He eivät ymmärtäneet Lakiin kätkeytyvää Jumalan rakkautta.

1. Korinttolaiskirjeen 13. luku kuvaa hyvin 'hengellistä rakkautta.' Luku kertoo meille Jumalan rakkaudesta joka lähetti ainoan Poikansa pelastamaan syntiensä tähden kuolemaan matkalla olevan ihmiskunnan, sekä taivaallisen kirkkautensa hylänneen ja meidän puolestamme ristillä kuolleen Herran rakkaudesta. Myös meidän pitää ymmärtää tätä hengellistä rakkautta ja elää sen mukaisesti jos me haluamme levittää Jumalan rakkautta lukemattomille kuoleville sieluille ympäri koko maailmaa.

"Uuden käskyn minä annan teille, että rakastatte toisianne, niinkuin minä olen teitä rakastanut – että tekin niin rakastatte toisianne. Siitä kaikki tuntevat teidät minun opetuslapsikseni, jos teillä on keskinäinen" (Joh. 13:34-35).

Tämä teos julkaistaan jotta sen lukijat voisivat tarkistaa kuinka paljon hengellistä rakkautta he omaavat ja kuinka paljon he ovat muuttaneet itseään totuuden avulla. Minä kiitän Geumsun Viniä, käännöstoimiston johtajaa, sekä toimiston työntekijöitä ja minä toivon että kaikki tämän kirjan lukevat täyttävät Lain rakkaudella ja päätyvät Uuteen Jerusalemiin, kaikkein kauneimpaan taivaalliseen asuinsijaan.

Jaerock Lee

 Alkusanat

Minä toivon että te lukijat muuttuisitte täydellisen rakkauden jalostamisen avulla Jumalan totuudessa.

Eräs TV-kanava teki tutkimuksen naimissa olevista naisista. Heiltä kysyttiin menisivätkö he uudelleen naimisiin saman miehen kanssa jos he saisivat päättää tästä uudelleen. Tulokset olivat järkyttäviä. Vain 4% naisista halusi mennä saman miehen kanssa uudestaan naimisiin. Heidän on täytynyt mennä miestensä kanssa naimisiin sen tähden että he rakastivat näitä mutta miksi he sitten olivat muuttaneet mieltään? Tämä johtuu siitä että he eivät rakastaneet hengellisesti. Tämä teos: Rakkaus: Lain Täyttymys, opettaa meille hengellisestä rakkaudesta.

Osa 1 "Rakkauden merkitys" teos tarkistelee rakkauden eri muotoja joita löytyy miehen ja vaimon, vanhemman ja lapsen, sekä ystävien ja sukulaisten väliltä esittäen meille näin hengellisen ja lihallisen rakkauden välisiä eroja. Hengellinen rakkaus on toisen rakastamista muuttumattomalla sydämellä haluamatta mitään itselleen. Lihallinen rakkaus puolestaan muuttuu tilanteiden ja olosuhteiden mukaan ja tästä syystä hengellinen rakkaus on kallisarvoista ja kaunista.

Osa 2 "Rakkauden luvun kaltainen rakkaus" jakaa 1. Korinttolaiskirjeen 13. luvun rakkauden kolmeen osaan. Ensimmäinen osa "Jumalan haluama rakkaus" (1. Kor. 13:1-3) muodostaa luvun esipuheen ja painottaa hengellisen rakkauden tärkeyttä. Toinen osa, "Rakkauden piirteet" (1. Kor. 13:4-7) on Rakkauden Luvun pääosa ja se kertoo hengellisen rakkauden 15 piirteestä. Kolmas osa, "Täydellinen rakkaus" päättää Rakkauden luvun ja se kertoo meille kuinka uskoa ja toivoa tarvitaan väliaikaisesti meidän marssiessamme kohti taivaan kuningaskuntaa tämän maan päällisen elämämme aikana, kun taas rakkaus kestää ikuisesti jopa taivaan kuningaskunnassakin.

Osa 3, "Rakkaus on lain täyttymys" selittää mitä Lain täyttyminen rakkaudella tarkoittaa. Se myös välittää meitä ihmisiä tämän maan päällä jalostavan Jumalan rakkautta sekä pelastuksen meille avanneen Kristuksen rakkauden.

"Rakkauden luku" on vain yksi Raamatun 1189 luvusta. Se on kuitenkin aarrekartta joka näyttää meille suuren aarteen sijainnin sillä se opettaa meille yksistyiskohtaisesti Uudesta Jerusalemista.

Siitä huolimatta että meillä on tämä kartta ja tiedämme aarteen luokse johtavan tien tämä on kuitenkin hyödytöntä jos me emme seuraa tätä polkua. Tämä tarkoittaa sitä että tämä on kaikki hyödytöntä jos me emme harjoita hengellistä rakkautta.

Hengellinen rakkaus miellyttää Jumalaa ja me voimme omata hengellistä rakkautta sen mukaan kuinka paljon me kuuntelemme ja harjoitamme Jumalan Sanaa, totuutta. Kun meissä on hengellistä rakkautta me voimme saada Jumalalta rakkautta ja siunauksia sekä päästä Uuteen Jerusalemiin, taivaan kauneimpaan asuinsijaan. Jumalan ihmisten luomisen ja heidän jalostamisen tarkoitus on rakkaus. Minä rukoilen että kaikki tämän lukijat rakastaisivat Jumalaa ensin ja heidän naapureitaan kuin itseään niin että he voisivat saada avaimet Uuden Jerusalemin helmiporttien avaamiseen.

Geumsun Vin
Käännöstoimiston johtaja

Alkusanat

Sisältö ~ *Rakkaus: Lain täyttymys*

Esipuhe · VII

Alkusanat · XI

Osa 1 Rakkauden merkitys

Luku 1: Hengellinen rakkaus · 2

Luku 2: Lihallinen rakkaus · 10

Osa 2 Rakkauden luvun kaltainen rakkaus

Luku 1: Rakkaus jota Jumala haluaa · 24

Luku 2: Rakkauden piirteet · 42

Luku 3: Täydellinen rakkaus · 160

Osa 3 Rakkaus on lain täyttymys

Luku 1: Jumalan rakkaus · 172

Luku 2: Kristuksen rakkaus · 184

"Ja jos te rakastatte niitä,

jotka teitä rakastavat,

mitä kiitosta teille siitä tulee?

Rakastavathan syntisetkin niitä,

jotka heitä rakastavat."

Luukas 6:32

Osa 1
Rakkauden merkitys

Luku 1 : Hengellinen rakkaus

Luku 2 : Lihallinen rakkaus

LUKU 1 — *Hengellinen rakkaus*

Hengellinen rakkaus

*"Rakkaani, rakastakaamme toinen toistamme,
sillä rakkaus on Jumalasta; ja jokainen,
joka rakastaa, on Jumalasta syntynyt ja tuntee Jumalan.
Joka ei rakasta, se ei tunne Jumalaa,
sillä Jumala on rakkaus."*

1. Joh. 4:7-8

Pelkästään sanan "rakkaus" kuuleminen saa meidän sydämemme lyömään ja mielemme lentämään. Elämämme olisi täynnä onnellisuutta jos me saisimme rakastaa toista henkilöä ja jakaa aitoa rakkautta koko elämämme ajan. Joskus me jopa kuulemme kuinka ihmiset ovat selviytyneet kuolemanvakavista tilanteista ja tehneet elämistään jälleen kauniita rakkauden voiman kautta. Rakkaus on ehdottoman tärkeä osa onnellista elämää ja sillä on suuri voima muuttaa meidän elämäämme.

The Merriam-Webster's Online Dictionary määrittelee rakkauden olevan "voimakas kiintymys mikä perustuu ihailuun, hyväntahtoisuuteen tai jaettuihin mielenkiinnon aiheisiin." Sen kaltainen rakkaus mistä Jumala puhuu on kuitenkin korkeampaa rakkautta, hengellistä rakkautta. Hengellinen rakkaus ajaa muiden etua ja se antaa iloa, toivoa ja elämää muille ihmisille eikä se koskaan muutu. Tämä lisäksi se ei ainoastaan hyödytä meitä tämän väliaikaisen maallisen elämämme aikana vaan se myös johtaa meidän sielumme pelastukseen ja anta meille ikuisen elämän.

Tarina naisesta joka johdatti miehensä kirkkoon

Oli nainen joka eli tunnollisesti kristillistä elämää. Hänen aviomiehensä ei kuitenkaan pitänyt siitä että hän kävi kirkossa ja vastusti sitä. Tästä vastustuksesta huolimatta tämä nainen kävi joka aamu rukouskokouksessa ja rukoili hänen miehensä puolesta. Eräänä päivänä hän meni aamulla rukoilemaan miehensä kenkiä kantaen. Puristaen kenkiä rintaansa vasten hän rukoili silmät kyynelehtien. "Jumala, tänään vain nämä kengät tulivat kirkkoon mutta ensi kerralla anna niiden omistajan tulla kirkkoon myös." Hetken kuluttua tapahtui jotakin ihmeellistä. Naisen aviomies saapui kirkkoon. Jo jonkin aikaa tämän mies oli tuntenut kenkiensä olevan lämpimiä hänen lähtiessä töihin. Eräänä päivänä hän näki vaimonsa lähtevän johonkin hänen kenkiensä kanssa ja hän päätti seurata tätä. Vaimo meni kirkkoon. Mies oli vihainen mutta hän ei voinut vastustaa uteliaisuuttaan. Hänen piti saada selville mitä tämä nainen teki kirkossa hänen kenkiensä kanssa. Hänen hiipiessä hiljaa kirkkoon hänen vaimonsa rukoili hänen kenkänsä rintaansa vasten. Hän kuuli naisen rukouksen ja jokainen tämän rukouksen sana pyysi hänelle siunauksia ja hyvyyttä. Hänen sydämensä liikuttui eikä hän voinut olla katumatta sitä kuinka hän oli vaimoaan kohdellut. Lopulta miehen vaimon rakkaus liikutti tätä miestä niin paljon että hänestä itsestäänkin tuli kristitty.

Useimmat vaimot tässä tilanteessa pyytäisivät minua rukoilemaan, sanoen "Minun mieheni kohtelee minua kaltoin koska minä käyn kirkossa. Ole kiltti ja rukoile minun puolestani jotta hän lopettaisi minun vainoamiseni." Tällöin minä vastaisin näin: "Pyhity ja täyty hengellä nopeasti. Tällä tavalla sinun ongelmasi ratkeavat." Puoliso voi antaa miehelleen hengellistä rakkautta sitä enemmän mitä enemmän he ovat heittäneet itsestään syntiä pois ja täyttyneet hengellä. Minkälainen mies vainoaisi vaimoaan joka on uhrautuu hänen puolestaan ja palvelee tätä sydämensä pohjasta?

Aikaisemmmin tämä vaimo olisi syyttänyt kaikesta miestään mutta nyt hän oli totuuden muuttama henkilö ja niin hän tunnusti olevansa kaiken syypää itsensä nöyrtäen. Tällöin hengellinen valo ajaa pimeyden pois ja myös aviomies voi muuttua. Kuka rukoilisi sellaisen henkilön puolesta joka aiheuttaa itselleen harmia? Kuka uhraisi itsensä unohtettujen naapureidensa puolesta ja levittäisi heille aitoa rakkautta? Herralta aitoa rakkautta oppineet Jumalan lapset voivat rakastaa toisia tällä tavalla.

Daavidin ja Joonatanin muuttumaton rakkaus ja ystävyys

Joonatan oli Saulin, Israelin ensimmäisen kuningaan, poika. Joonatan tiesi että Daavid oli soturi jonka päälle Jumalan henki oli tullut nähdessään kuinka Daavid kaatoi filistealaisten sankarin, Goljatin. Ollen itsekin armeijan komentaja, Joonatanin sydän liikuttui Daavidin rohkeudesta. Tuosta hetkestä eteenpäin Joonatan rakasti Daavidia kuin itseään ja he alkoivat rakentaa erittäin vahvaa ystävyyden sidettä. Joonatan rakasti Daavidia niin paljon että hän ei säästellyt missään jos se oli Daavidia varten.

Kun hän oli lakannut puhumasta Saulin kanssa, kiintyi Joonatan kaikesta sielustaan Daavidiin, ja Joonatan rakasti häntä niinkuin omaa sieluansa. Ja Saul otti hänet sinä päivänä luoksensa eikä sallinut hänen enää palata isänsä kotiin. Ja Joonatan teki liiton Daavidin kanssa, sillä hän rakasti häntä niinkuin omaa sieluansa. Ja Joonatan riisui viitan, joka hänellä oli yllänsä, ja antoi sen Daavidille, ja samoin takkinsa, vieläpä miekkansa, jousensa ja vyönsä (1. Sam. 18:1-4).

Joonatan oli kruununperimysjärjestyksessä seuraava koska hän oli kuningas Saulin ensimmäinen poika. Hän olisi helposti voinut vihata Daavidia sillä ihmiset rakastivat Daavidia paljon. Hän ei kuitenkaan halunnut kuninkaan titteliä itselleen. Sen sijaan Joonatan vaaransi oman henkensä kun Saul yritti tappaa Daavidia. Saul yritti tappaa Daavidin pitääkseen kiinni valtaistuimestaan. Tämänkaltainen rakkaus ei muuttunut Joonatanin elämän aikana. Kun hän kuoli Gilboan taistelussa Daavid suri ja itki ja paastosi iltaan saakka.

Minä suren sinua, veljeni Joonatan; sinä olit minulle ylen rakas. Rakkautesi oli minulle ihmeellisempi kuin naisen rakkaus (2. Sam. 1:26).

Daavidin tultua kuninkaaksi hän löysi Mefibosetin, Joonatanin ainoan pojan, palautti hänelle kaikki Saulin omistukset ja piti hänestä huolta palatsissaan kuin omasta pojastaan (2. Sam. 9). Tällä tavalla hengellinen rakkaus on toisen ihmisen rakastamista muuttumattomalla sydämellä koko elämän ajan jopa silloin kun se ei hyödytä ihmistä itseään ja jopa silloin kun se saattaa jopa aiheuttaa ihmiselle itselleen vaaraa. Se että me olemme ystävällisiä toiselle sen toivossa että me saisimme tästä jotakin takaisin ei ole aitoa rakkautta. Hengellinen rakkaus on itsensä uhraamista ja muille ehdotonta antamista puhtain ja uskollisin sydämin.

Jumalan ja Herran muuttumaton rakkaus meitä kohtaan

Suurin osa ihmisistä kokee sydäntäraastavaa kipua elämänsä aikana lihallisen rakkauden tähden. On kuitenkin joku joka lohduttaa meitä ja on meidän ystävämme kun me tunnemme kipua ja yksinäisyyttä helposti muuttuvan rakkauden tähden. Hän on Herra. Häntä halveksuttiin ja ja Hänet hylättiin ihmisten toimesta vaikka Hän oli viaton (Jesaja 53:3) ja niin Hän ymmärtää sydämiämme erittäin hyvin. Hän hylkäsi taivaallinen kirkkautensa ja tuli tämän maan päälle viedäkseen kaiken kärsimyksen pois. Näin tehdessään Hänestä tuli meidän aito lohduttaja ja ystävä. Hän antoi meille aitoa rakkautta aina siihen saakka kun Hän kuoli ristillä.

Minä kärsin useista sairauksista ja koin köyhyyden aiheuttamaa kipua ja yksinäisyyttä ennen kuin minusta tuli uskova. Oltuani sairas seitsemän vuoden ajan minun kehoni oli rikki ja minä elin yhä suuremmissa veloissa ihmisten halveksumana ja yksinäisenä ja epätoivoisena. Kaikki joita minä olin rakastanut ja joihin minä olin luottanut olivat jättäneet minut. Joku kuitenkin tuli luokseni hetkellä jona minä tunsin olevani yksin koko maailmankaikkeudessa. Tämä joku oli Jumala. Kohdattuani Jumalan minä parannuin kaikista sairauksistani yhdellä kertaa ja minä aloitin uuden elämän.

Jumalan minulle antama rakkaus oli ilmainen lahja. Minä en aluksi rakastanut Häntä. Hän tuli luokseni ja ojensi kätensä minua kohtaan. Alkaessani lukea Raamattu minä en pystynyt kuulemaan Jumalan rakkaudentunnustusta.

Unhottaako vaimo rintalapsensa, niin ettei hän armahda kohtunsa poikaa? Ja vaikka he unhottaisivatkin, minä en sinua unhota. Katso, kätteni hipiään olen minä sinut piirtänyt, sinun muurisi ovat aina minun edessäni (Jesaja 49:15-16).

Siinä ilmestyi meille Jumalan rakkaus, että Jumala lähetti ainokaisen Poikansa maailmaan, että me eläisimme hänen kauttansa. Siinä on rakkaus-ei siinä, että me rakastimme Jumalaa, vaan siinä, että hän rakasti meitä ja lähetti Poikansa meidän syntiemme sovitukseksi (1. Joh. 4:9-10).

Jumala ei jättänyt minua silloin kun minä kamppailin kärsimysteni keskellä sen jälkeen kun kaikki olivat jättäneet minut. Tuntiessani Hänen rakkautensa minä en voinut estää silmiini nousevia kyyneleitä. Minä tunsin että Jumalan rakkaus oli totta tuntemieni kipujen tähden. Nyt minusta on tullut pastori, Jumalan palvelija, lohduttaakseni sieluja ja maksaakseni takaisin Jumalan minulle antaman armon.

Jumala on itse rakkaus. Hän lähetti ainoan Poikansa Jeesuksen tämän maan päälle meidän syntisten puolesta. Hän myös odottaa että me saapuisimme taivaan kuningaskuntaan minkä Hän on tehnyt kauniiksi meitä varten. Me voimme tuntea Jumalan kallisarvoisen ja runsaan rakkauden jos me vain avaamme sydäntämme edes hieman.

Sillä hänen näkymätön olemuksensa, hänen iankaikkinen voimansa ja jumalallisuutensa, ovat, kun niitä hänen teoissansa tarkataan, maailman luomisesta asti nähtävinä, niin etteivät he voi millään itseänsä puolustaa (Room. 1:20).

Ajattele jotakin kaunista. Sininen taivas, kirkas meri sekä kaikki puut ja kasvit ovat asioita jotka Jumalan on asettanut tämän maan päälle jotta me voisimme unelmoida taivaallisesta kuningaskunnasta tämän maan päällä ollessamme.

Rantaan kotiutuvat aallot, taivaalla tuikkivat tähdet, jyrisevät vesiputoukset ja meitä hyväilevät tuulenvireet kaikki levittävät Jumalan henkäystä joka kuiskaa "Minä rakastan sinua." Tämä rakastava Jumalan on valinnut meidät omiksi lapsikseen joten minkälaista rakkautta meidän pitäisi sitten omata? Meidän pitää omata ikuista ja uskollista rakkautta merkityksettömän ja tilanteen mukaisesti muuttuvan rakkauden sijaan.

LUKU 2
Lihallinen rakkaus

Lihallinen rakkaus

*"Ja jos te rakastatte niitä, jotka teitä rakastavat,
mitä kiitosta teille siitä tulee?
Rakastavathan syntisetkin niitä,
jotka heitä rakastavat."*
Luuk. 6:32

Mies seisoo Genesaretinjärven rannalla suuren väkijoukon edessä. Hänen takanaan järven laineet näyttävät tanssivan tuulenvireessä. Kaikki ovat hiljentyneet kuullakseen Hänen sanansa. Vakaalla ja lempeällä äänellä Hän kertoo siellä täällä kukkulalla istuville ihmisille siitä kuinka heidän pitää tulla maan suolaksi ja valoksi ja kuinka heidän pitää rakastaa jopa vihamiehiäänkin.

Sillä jos te rakastatte niitä, jotka teitä rakastavat, mikä palkka teille siitä on tuleva? Eivätkö publikaanitkin tee samoin? Ja jos te osoitatte ystävällisyyttä ainoastaan veljillenne, mitä erinomaista te siinä teette? Eivätkö pakanatkin tee samoin? (Matteus 5:46-47).

Jeesuksen sanojen mukaan ei-uskovat ja jopa pahat ihmiset voivat osoittaa rakkautta heitä kohtaan mukavia ihmisiä sekä heitä hyödyttäviä ihmisiä kohtaan. On myös petollista rakkautta mikä vaikuttaa ulospäin hyvältä mutta mikä ei kuitenkaan oikeasti ole uskollista. Tämä on ajan mukaan muuttuvaa lihallista rakkautta mikä rikkoutuu ja murenee pientenkin asioiden tähden.

Lihallinen rakkaus voi muuttua milloin vain ajan kuluessa. Tilanteen tai olosuhteiden muuttuessa niin voi myös lihallinen rakkaus muuttua. Ihmisillä on tapana muuttaa heidän asenteitaan sen mukaan mikä heitä hyödyttää. Usein ihmiset antavat vasta sitten kun he ovat itse saaneet jotakin tai sitten he antavat vain jos he uskovat hyötyvänsä siitä itse. Kyseessä on lihallisesta rakkaudesta jos me annamme ja haluamme samalla saada saman verran takaisin tai jos me olemme pettyneitä kun joku ei anna meillä yhtä paljon takaisin kuin mitä me olemme hänelle antaneet.

Vanhempien ja lasten välinen rakkaus

Lapsilleen jatkuvasti antavien vanhempien rakkaus liikuttaa monien sydäntä. Vanhemmat eivät sano että lapsista huolehtiminen olisi vaikeaa sillä he rakastavat lapsiaan. Yleensä vanhemmat haluavat antaa lapsilleen hyviä asioita siitä huolimatta että tämä tarkoittaa ehkä sitä että he eivät ehkä itse syö hyvin tai pukeudu hyviin vaatteisiin. Jopa lastaan rakastavan vanhemman sydämessä on kuitenkin paikka missä he etsivät vain omaa etuaan.

Jos vanhemmat rakastavat lapsiaan aidosti he pystyvät antamaan jopa oman elämänsä heidän puolesta haluamatta mitään takaisin. On kuitenkin vanhempia jotka kasvattavat lapsiaan omaksi kunniakseen ja omaksi edukseen. He sanoavat "Minä sanon tämän sinulle sinun omaksi hyödyksesi" mutta itse asiassa he yrittävät hallita lastaan jotta tämä lapsi voisi täyttää heidän haaveensa kunniasta tai saadakseen rahallista hyötyä. Nämä vanhemmat vastustavat ja pettyvät jos heidän lapsensa menevät naimisiin tai valitsevat itselleen uran mitä nämä vanhemmat eivät hyväksy. Tämä todistaa sen että näiden vanhempien rakkaus ja uhrautuvaisuus on vain ehdollista. He yrittävät saada itselleen näiden lasten kautta vastinetta antamalleen rakkaudella.

Lasten rakkaus on yleensä vähäisempää kuin heidän vanhempiensa. Korealainen sanonta kuuluu "Kaikki lapset jättävät vanhempansa jos vanhemmat kärsivät pitkäaikaisesta sairaudesta." Lasten on vaikeaa hyväksyä tilannetta jos heidän vanhempansa ovat vanhoja ja sairaita ilman toivoakaan parantumisesta ja näiden lasten täytyy pitää heistä huolta. Ollessaan pieniä he sanovat että "Minä en koskaan mene naimisiin vaan asun aina isän ja äidin luona." He voivat jopa luulla että he haluavat asua vanhempiensa kanssa koko loppuelämänsä ajan. Kasvaessaan vanhemmaksi he ovat kuitenkin yhä vähemmän kiinnostuneita vanhemmistaan sillä heillä on kiire käydä töissä. Ihmisten sydämet ovat nykyään synnistä turtia ja pahuus on niin yleistä että joskus vanhemmat jopa tappavat lapsiaan ja lapset vanhempiaan.

Miehen ja vaimon välinen rakkaus

Entä avioparin välinen rakkaus? Tapaillessaan toisiaan pariskunnat sanovat toisilleen sellaisia suloisia asioita kuin "Minä en voi elää ilman sinua. Minä rakastan sinua ikuisesti." Mitä sitten tapahtuu sen jälkeen kun he ovat menneet naimisiin? He alkavat halveksua puolisoaan ja sanovat "Minä en voi elää niinkuin haluan sinun takiasi. Sinä olet huijannut minua."

Aviopari tunnusti ennen rakkauttaan toisiaan kohtaan mutta mentyään naimisiin he puhuvat usein erosta tai avioerosta siksi että heidän mielestään heidän perhetaustansa, koulutuksensa tai luonteensa eivät sovi yhteen. Jos aviomiehen mielestä hänen saamansa ruoka ei ole tarpeeksi hyvää hän valittaa tästä vaimolleen ja sanoo "'Mitä tämä ruoka on olevinaan' Minulla ei ole mitään mitä syödä." Vaimo taas voi valittaa jos mies ei ansaitse tarpeeksi rahaa ja sanoa "Minun ystäväni mies on jo ylennetty johtajaksi ja erään toisen ystävän mies on pääjohtaja... Milloin sinä saat ylennyksen ... ja eräs toinen ystäväni osti isomman talon ja uuden auton mutta entä me? Milloin me saamme parempia asioita?"

Korean perheväkivaltatilastojen mukaan melkein puolet aviopareista käyttää väkivaltaa toisiaan vastaan. Monet avioparesta menettävät rakkautensa toisiaan kohtaan ja alkavat vihata ja riidellä toistensa kanssa. Nykyään on jopa pariskuntia jotka eroavat kuherruskuukauden aikana! Avioliiton ja avioeron välinen keskivertoaika lyhenee. Ihmiset luulivat rakastaneensa puolisoaan mutta elettyään yhdessä he alkavat nähdä toisissaan negatiivisia puolia. Heidän makunsa ja ajatusmaailmansa ovat erilaisia ja niin he ovat jatkuvasti eri mieltä asioista. Tämän tapahtuessa heidän rakkautensa alkaa viilentyä.

Siitä huolimatta että aviopari ei ehkä kohtaa selviä ongelmia toistensa kanssa he tottuvat toisiinsa ja niin ensirakkauden tunne viiltyy ajan kuluessa. Tällöin he alkavat katsella toisia miehiä ja naisia. Aviomies on pettynyt vaimoonsa joka näyttää väsyneeltä aamuisin ja joka lihoo ja vanhenee, ja niin hän alkaa ajatella että hänen vaimonsa ei ole enää viehättävä. Rakkauden täytyy syvetä ajan kuluessa mutta suurimmassa osassa tapauksista näin ei kuitenkaan käy. Loppujen lopuksi nämä muutokset vahvistavat sitä että heidän rakkautensa on omaa etua ajavaa lihallista rakkautta.

Veljesten välinen rakkaus

Samoista vanhemmista syntyneiden ja yhdessä kasvaneiden lasten tulisi olla muita ihmisiä läheisempiä. He voivat luottaa toisiinsa monissa asioissa sillä he ovat jakaneet paljon ja kasvattaneet rakkauttaan toisiaan kohtaan. On kuitenkin veljiä jotka kilpailevat keskenään ja jotka ovat toisilleen kateellisia. Esikoinen voi helposti tuntea että heille tarkoitettu vanhempien rakkaus otetaan heiltä pois ja annetaan nuoremmille sisaruksille. Nuorempi lapsi voi tuntea alemmuttta vanhempia veljiään ja sisariaan kohtaan. Sekä vanhempia että nuorempia sisaruksia omaavat lapset voivat tuntea alemmuutta vanhempia sisaruksiaan kohtaan ja olla ärsyyntyneitä siitä että heidän täytyy antaa periksi nuoremmille sisaruksilleen. He saattavat myös tuntea olevansa uhreja siitä syystä että he eivät saa tarpeeksi huomiota vanhemmiltaan. Jos näitä tunteita ei käsitellä kunnolla tämänkaltaiset sisarukset tulevat luultavasti omaamaan huonoja suhteita toisiinsa.

Ihmiskunnan historian ensimmäinen murha oli veljesten välinen. Tämä johtui Kainin mustasukkaisuudesta hänen veljeään Aabelia kohtaan sen tähden että Aabel sai Jumalalta siunauksia. Tästä lähtien veljien ja sisarten välillä on ollut jatkuvia kamppailuja ja taisteluita koko historian ajan. Joosefin veljet vihasivat häntä ja myivät hänet orjaksi Egyptiin. Daavidin poika Absalom tapatti oman veljensä, Amnonin. Nykyään monet sisarukset tappelevat keskenään vanhempiensa perinnöstä ja heistä tulee kuin vihollisia toisilleen.

On myös totta että sisarukset eivät pysty antamaan toisilleen samaa huomiota sen jälkeen kun he menevät naimisiin ja perustavat omat perheensä. Minä olin viimeinen kuudesta lapsesta. Minun vanhemmat veljeni ja sisareni rakastivat minua kovasti mutta kun minä jouduin vuoteenomaksi seitsemän vuoden ajaksi tämä tilanne muuttui. He yrittivät parantaa minun sairauksiani mutta kun se alkoi näyttää toivottomalta he alkoivat kääntää minulle selkänsä.

Naapurien välinen rakkaus

Koreassa on termi joka tarkoittaa "naapurusserkkuja." Tämä tarkoittaa sitä että naapurit ovat yhtä läheisiä kuin perheenjäsenet. Menneinä maanviljelysaikoina naapurit olivat tärkeitä ihmisiä jotka auttoivat toisiaan. Tämä ilmaus on kuitenkin yhä harvemmin totta. Nykyään ihmiset lukitsevat ovensa ja ikkunansa jopa naapureidensa tähden. Me jopa käytämme raskaita turvallisuusjärjestelmiä. Ihmiset eivät edes tiedä kuka heidän naapurissaan asuu.

Naapurit eivät välitä toisistaan eikä heillä ole mitään aikomusta ottaa selvää kuka heidän naapurissaan asuu. He ajattelevat ainoastaan itseään ja vain heidän lähiperheen jäsenet ovat heille tärkeitä. He eivät luota toisiinsa. He eivät myöskään epäröi syrjiä tai taistella naapureidensa kanssa jos he luulevat että heidän naapurinsa aiheuttavat heille vaivaa, vahinkoa tai muuta harmia. Nykyään monet naapurit haastavat toisiaan oikeuteen vähäpätöisistä syistä. Kerran erän henkilö puukotti yläpuolellaan asuvaa naapuria tämän pitämän metelin takia.

Ystävien välinen rakkaus

Entä sitten ystävien välinen rakkaus? Sinä voit uskoa että tietty ystäväsi on sinun puolellasi. Mutta jopa tämänkaltaisena ystävänä pitämäsi hennkilö voi pettää sinut ja jättää sinun sydämesi murtuneeksi.

Joskus ihmiset pyytävät ystäviltään lainaksi huomattavia rahasummia tai takuumieheksi tulemista ja sitten eivät enää koskaan tapaa tätä ystävää tämän tapahdettua. Mutta kuka tässä on toiminut väärin?

Jos sinä todellakin rakastat ystävääsi sinä et halua aiheuttaa hänelle kipua. On selvää että sinun ysäväsi ja heidän perheenjäsenensä kärsivät sinun takiasi jos he tulevat sinun takuumiehiksesi kun sinä olet menossa konkurssiin. Onko se rakkautta että sinä annat ystäviesi altistua riskille? Tämä ei ole rakkautta. Nykyään tämänkaltaista tapahtuu kuitenkin usein. Jumalan Sana kieltää meitä lainaamasta rahaa itsellemme tai toisille, takaamasta muita tai antamasta panttia. Yleensä kun me rikomme Jumalan Sanaa kyseessä on Saatanan teoista ja kaikki tilanteessa mukana olevat tulevat kokemaan vahinkoa.

Poikani, jos olet ketä lähimmäisellesi taannut, lyönyt kättä vieraalle; jos olet kietoutunut oman suusi sanoihin, joutunut suusi sanoista kiinni (Sananlaskut 6:1-2).

Älä ole niitä, jotka kättä lyövät, jotka menevät takuuseen veloista (Sananlaskut 22:26).

On ihmisiä jotka pitävät sitä viisaana että he hankkivat ystäviä sen mukaan mitä he voivat heiltä saada. On tosiasia että nykypäivänä on vaikeaa löytää henkilöä joka uhraisi vapaaehtoisesti aikaa, vaivaa tai rahaa aidosta rakkaudesta naapuriaan tai ystäviään kohtaan.

Minulla on ollut useita ystäviä lapsuudestani saakka. Ennenkuin minä aloin uskoa Jumalaan minä pidin ystävien välistä uskollisuutta elämänäni. Minä kuvittelin että minun ystävyyssuhteeni kestäisivät ikuisesti. Maatessani kuitenkin sairasvuoteellani pitkän aikaa minä ymmärsin perusteellisesti kuinka tämä ystävien välinen ystävyys muuttui heidän sen mukaan kuinka meidän ystävyytemme hyödytti heitä.

Aluksi minun ystäväni etsivät puolestani hyviä lääkäreitä tai parannuskeinoja ja yrittivät saada minut kokeilemaan näitä kaikkia. Kun minä en kuitenkaan parantunut pian he alkoivat yksitellen jättää minut oman onneni nojaan. Lopulta ainoat jäljellä olevat ystäväni olivat minun juopottelu- ja uhkapelikaverini. Edes hekään eivät kuitenkaan tulleet luokseni rakkaudesta minua kohtaan vaan ainoastaan siksi että he tarvitsivat paikan missä viettää aikaa. Jopa lihallinen rakkaus sanoo rakastavansa toista mutta tämä kuitenkin muuttuu nopeasti.

Kuinka hyvä olisikaan jos vanhemmat ja lapset, veljet ja sisaret, ystävät ja naapurit eivät ajaisi omaa etuaan ja heidän sydämensä olisivat aina muuttumattomia? Jos näin on tämä tarkoittaa sitä että tämä kyseinen henkilö omaa hengellistä rakkautta. Useimmissa tapauksissa he eivät kuitenkaan omaa hengellistä rakkautta eivätkä he löydä tästä täydellistä tyydytystä. He etsivät perheenjäseniltään ja ympärillään olevilta ihmisiltä rakkautta. Heidän kuitenkin tehdessä näin he alkavat vain janota rakkautta yhä enemmän aivan kuin he joisivat merivettä janonsa sammuttamiseksi.

Blaise Pascal sanoi että jokaisen ihmisen sydämessä on Jumalan muotoinen tyhjiö jonka täyttämiseen pystyy vain Jeesuksen meille tunnetuksi tehnyt Jumala, Luoja. Me emme voi tuntea täyttä tyydytystä ja me kärsimme merkityksettömyyden tunteesta jos tämä tila ei ole Jumalan rakkauden täyttämä. Tarkoittaako tämä sitten sitä että maailmassa ei ole ollenkaan muuttumatonta hengellistä rakkautta? Ei tarkoita. Hengellinen rakkaus on olemassa vaikka se ei olekaan yleinen asia. 1. Korinttolaiskirjeen 13. luku kertoo meille selvästi aidosta rakkaudesta.

Rakkaus on pitkämielinen, rakkaus on lempeä; rakkaus ei kadehdi, ei kerskaa, ei pöyhkeile, ei käyttäydy sopimattomasti, ei etsi omaansa, ei katkeroidu, ei muistele kärsimäänsäpahaa, ei iloitse vääryydestä, vaan iloitsee yhdessä totuuden kanssa; kaikki se peittää, kaikki se uskoo, kaikki se toivoo, kaikki se kärsii (1. Kor. 13:4-7).

Jumala kutsuu tämänkaltaista rakkautta hengelliseksi ja uskolliseksi rakkaudeksi. Me voimme omata hengellistä rakkautta jos me tunnemme Jumalan rakkautta ja tulemme totuuden muuttamaksi. Omatkaamme siis hengellistä rakkautta jonka avulla me voimme rakastaa toisiamme koko sydämellämme ja muuttumattomalla asenteella siitä huolimatta että tämä rakkaus ei hyödytä meitä vaan voi jopa vahingoittaa meitä.

On ihmisiä jotka luulevat virheellisesti rakastavansa Jumalaa. Me voimme tutkiskella sitä mitä me teemme ja kuinka me tunnemme kohdatessamme vaikeuksia, koettelemuksia ja kiusauksia tarkistaaksemme kuinka paljon me olemme jalostaneet hengellistä rakkautta ja Jumalan rakkautta. Me voimme tarkistaa kuinka paljon me olemme jalostaneet aitoa rakkautta tarkistamalla iloitsemmeko me ja kiitämmekö me Jumalaa sydämemme pohjasta ja seuraammeko me Hänen tahtoaan jatkuvasti.

Kuinka tarkastella hengellistä rakkautta

On merkki siitä että me emme omaa hengellistä rakkautta jos me valitamme ja vihaamme jotakin tilannetta ja yritämme pärjätä maallisilla tavoilla ja ihmisiin luottamalla. Tämä vain todistaa sitä että meidän suhteemme Jumalaan perustuu pään tietouteen sydämeemme asettuneen ja siellä jalostuneen tietouden sijaan. Väärennetty raha näyttää oikealta vaikka se on vain paperinpala, ja samalla tavalla tietouden rakkaus ei ole oikeaa rakkautta. Se on arvotonta. Jos meidän rakkautemme Herraa kohtaan ei muutu ja me luotamme Jumalaan kaikissa tilanteissa ja vaikeuksissa niin silloin me voimme sanoa että me olemme jalostaneet aitoa hengellistä rakkautta.

"Niin pysyvät nyt usko, toivo, rakkaus, nämä kolme;

mutta suurin niistä on rakkaus"

1. Korinttolaiskirje 13:13

Osa 2

Rakkauden luvun kaltainen rakkaus

Luku 1 : **Rakkaus jota Jumala haluaa**

Luku 2 : **Rakkauden piirteet**

Luku 3 : Täydellinen rakkaus

Rakkaus jota Jumala haluaa

"Vaikka minä puhuisin ihmisten ja enkelien kielillä,
mutta minulla ei olisi rakkautta,
olisin minä vain helisevä vaski tai kilisevä kulkunen.
Ja vaikka minulla olisi profetoimisen lahja ja minä tietäisin kaikki
salaisuudet ja kaiken tiedon, ja vaikka minulla olisi kaikki usko,
niin että voisin vuoria siirtää,
mutta minulla ei olisi rakkautta, en minä mitään olisi.
Ja vaikka minä jakelisin kaiken omaisuuteni köyhäin ravinnoksi,
ja vaikka antaisin ruumiini poltettavaksi,
mutta minulla ei olisi rakkautta, ei se minua mitään hyödyttäisi."

1. Korinttolaiskirje 13:1-3

Seuraava tapahtui eräässä orpokodissa Etelä-Afrikassa. Yksitellen siellä olevat lapset sairastuivat yhä vakavammin. Kukaan ei kuitenkaan tiennyt syytä miksi näin kävi. Orpokoti kutsui paikalla kuuluisia lääkäreitä mutta perinpohjaisten tutkimusten jälkeen he vain sanoivat "Syleilkää lapsia ja ilmaiskaa heille rakkautenne kymmenen minuutin ajan kun he ovat hereillä."

Kaikkien hämmästykseksi nämä sairaudet alkoivat kadota. Tämä johtui siitä että enemmän kuin mitään muuta nämä lapset olivat tarvinneet rakkautta. Me emme voi omata toivoa elämästä tai elämän halua ilman rakkautta siitä huolimatta että meidän ei ehkä tarvitse huolehtia siitä millä me maksamme laskumme tai että me elämme yltäkylläisyydessä. Rakkaus on kaikista tärkein tekijä meidän elämässämme.

Hengellisen rakkauden tärkeys

1. Korinttolaiskirjeen 13. lukua kutsutaan rakkauden luvuksi. Se painottaa rakkauden tärkeyttä ja sen jälkeen puhuu yksityiskohtaisesti hengellisestä rakkaudesta. Tämä johtuu siitä että me olemme pelkästään rämisevä symbaali jos me emme omaa rakkautta siitä huolimatta että me puhuisimme ihmisten ja enkelten kielillä.

"Ihmisten kieli" ei tässä viittaa Pyhän Hengen kielillä puhumisen lahjaan vaan se viittaa kaikkiin ihmisten tämän maan päällä puhumiin kieliin kuten englantiin, japaniin, ranskaan ja venäjään. Sivilisaatio ja ihmisten tietous perustuu ja periytyy kielen kautta ja niin me voimme sanoa että kielen voima on

erittäin suuri. Kielen avulla me voimme myös ilmaista tunteitamme ja ajatuksiamme niin että me voimme suostutella ja liikuttaa toisten ihmisten sydämiä. Ihmisten kielillä on voima liikuttaa ihmisiä ja saavuttaa paljon asioita.
"Enkelten kielet" viittaa kauniisiin sanoihin. Enkelit ovat hengellisiä olentoja ja edustavat kauneutta. Jos joku puhuu kauniita sanoja kauniilla äänellä ihmiset kuvaavat tätä enkelimäiseksi. Mutta Jumala kuitenkin sanoo että jopa ihmisten sanat ja enkelien kielet ovat kuin kumiseva vaski tai helisevä symbaali ilman rakkautta (1. Kor. 13:1).

Painava teräs- tai kuparikappale ei kuitenkaan päästä kovaa ääntä jos sitä lyödään. Jos kuparikappale päästää kovan äänen se tarkoittaa sitä että se on joko ontto tai ohut ja keveä. Symbaalit ovat kovaäänisiä sillä ne on valmistettu ohuesta messingistä. Sama pätee myös ihmisiin. Meidän arvomme on verrattavissa täysipäiseen vehnään vasta sitten kun meistä on tullut Jumalan uskollisia poikia ja tyttäriä täyttämällä sydämemme rakkaudella. Päinvastoin, rakkautta omaamattomat ovat kuin akanoita. Mistä tämä johtuu?

1. Joh. 4:7-8 sanoo: *"Rakkaani, rakastakaamme toinen toistamme, sillä rakkaus on Jumalasta; ja jokainen, joka rakastaa, on Jumalasta syntynyt ja tuntee Jumalan. Joka ei rakasta, se ei tunne Jumalaa, sillä Jumala on rakkaus."* Ihmisillä joissa ei ole rakkautta ei ole mitään tekemistä Jumalan kanssa ja he ovat akanoiden kaltaisia.

Tämänkaltaisten ihmisten sanoilla ei ole mitään arvoa niiden kauneudesta ja sujuvuudesta huolimatta sillä ne eivät voi antaa aitoa rakautta tai elämää toisille. Heidän sanansa voivat aiheuttaa vain epämukavuutta kuten kumiseva vaski tai rämisevä symbaali sillä ne ovat kevyitä ja sisältä onttoja. Rakkautta sisältävät sanat pitävät kuitenkin sisällään ihmeellisen elämää antavan voiman. Me näemme tästä todisteita Jeesuksen elämästä.

Rakkaus antaa elämää

Eräänä päivänä Jeesus oli opettamassa temppelissä kun kirjanoppineet ja fariseukset toivat Hänen eteensä naisen. Tämä nainen oli jäänyt kiinni haureuden tekemisestä. Naisen tuoneen kirjanoppineiden ja fariseusten silmissä ei ollut myötätunnon hitustakaan.

He sanoivat Jeesukselle: *"Opettaja, tämä nainen on tavattu itse teosta, aviorikosta tekemästä. Ja Mooses on laissa antanut meille käskyn, että tuommoiset on kivitettävä. Mitäs sinä sanot?"* (Joh. 8:4-5).

Israelissa Jumalan Laki on myös maan laki ja se sanoi että haureuden tekijät oli kivitettävä kuoliaaksi. Jeesus olisi puhunut vastoin omia sanojaan jos Hän olisi sanonut että nainen oli kivitettävä kuoliaaksi Lain mukaan sillä Hän oli sanonut että ihmisten tuli rakastaa jopa vihamiehiäänkin. Jos Hän olisi sanonut että naisen olisi pitänyt saada anteeksi Hän olisi rikkonut Lakia sillä Hän olisi vastustanut Jumalan Lakia.

Kirjanoppineet ja fariseukset olivat ylpeitä itsestään luullen että he pystyisivät tuhoamaan Jeesuksen. Jeesus kuitenkin tiesi mitä heidän sydämessään oli ja niin Hän vain pysähtyi ja kirjoitti jotakin maahan sormellaan. Sitten Hän nousi ylös ja sanoi: *"Joka teistä on synnitön, se heittäköön häntä ensimmäisenä"* (Joh. 8:7).

Kun Jeesus kumartui taas maahan ja kirjoitti maahan sormellaan ihmiset lähtivät pois yksi kerrallaan kunnes vain Jeesus ja tämä paikalle tuotu nainen olivat jäljellä. Jeesus pelasti tämän naisen hengen rikkomatta Lakia.

Periaatteessa se mitä kirjanoppineet ja fariseukset sanoivat ei ollut väärin sillä he vain toistivat Jumalan Lakia. Heidän sanojensa motiivi oli kuitenkin täysin eri Jeesuksen motiiveista. He yrittivät vahingoittaa muita kun taas Jeesus yritti pelastaa sieluja.

Jos me omaamme tämänkaltaisen Jeesuksen sydämen me rukoilemme miettien minkälaiset sanat antaisivat muille voimaa ja johdattaisivat heidät totuuteen. Me yritämme antaa elämää jokaisella puhumallamme sanalla. Jotkut yrittävät suostutella toisia Jumalan Sanalla tai korjaamalla toisten käyttäytymistä osoittamalla muiden virheitä ja vikoja. Nämä sanat eivät voi kuitenkaan muuttaa ihmisten käyttäytymistä tai antaa heille elämää vaikka ne olisivatkin totuuden mukaisia jos niitä ei ole puhuttu rakkaudessa.

Tämän tähden meidän pitää aina tarkistaa puhummeko me omahyväisesti ja omien ajatustemme mukaan vain ovatko meidän sanamme puhuttu rakkaudessa elämän antamiseksi muille. Sujuvien sanojen sijaan hengellistä rakkautta sisällään pitävä sana voi muuttua sielujen janon täyttäväksi elämän sanaksi sekä kipua tuntevia sielua lohduttaviksi ja riemastuttaviksi jalokiviksi.

Uhraavien tekojen säestämä rakkaus

Yleensä "profetia" viittaa tulevista tapahtumista puhumiseen. Raamatullisesti se tarkoittaa Jumalan sydämen vastaanottamista Pyhän Hengen innoittamana tiettyä tarkoitusta varten ja tulevista tapahtumista puhumista. Profetia ei ole jotakin mikä on mahdollista ihmisten tahdon avulla. 2. Piet. 1:21 sanoo: "*...sillä ei koskaan ole mitään profetiaa tuotu esiin ihmisen tahdosta, vaan Pyhän Hengen johtamina ihmiset ovat puhuneet sen, minkä saivat Jumalalta.*" Tätä profetian lahjaa ei anneta kenelle tahansa. Jumala ei anna tätä lahjaa sellaiselle henkilölle joka ei ole pyhittynyt sen tähden että tämä henkilö voisi tulla ylpeäksi.

Tämä hengellisen rakkauden luvun profetian lahja ei ole lahja joka annetaan vain muutamalle erityiselle henkilölle. Tämä tarkoittaa sitä että kuka tahansa joka uskoo Jeesukseen Kristukseen ja asuu totuudessa voi nähdä ja puhua tulevaisuudesta. Lähinnä tämä viittaan ilmojen halki palaavaan Herraan, siihen kuinka pelastetut sielut temmataan ilmaan missä he ottavat osaa seitsemänvuotiseen hääjuhlaan pelastamatta jääneiden kärsiessä suuresta ahdistuksesta tämän maan päällä ja langetessa helvettiin suuren valkean valtaistuimen tuomion jälkeen. Mutta vaikkka kaikki Jumalan lapset omaavat tämän profetian lahjan tulevaisuudesta puhumisesta he eivät kuitenkaan kaikki omaa hengellistä rakkautta. Jos he eivät omaa hengellistä rakkautta he muuttavat asennettaan oman etunsa mukaisesti ja niin heille annettu profetian lahja ei hyödytä heitä ollenkaan. Tämä lahja ei voi kehittyä ilman rakkautta.

Tässä "salaisuus" viittaa alkujen alusta saakka salaisesa olleseen salaisuuteen, eli ristin sanaan (1. Kor. 1:18). Ristin sana on ihmiskunnan pelastuksen johdatus minkä Jumala suunnitteli ennen aikojen alkua. Jumala tiesi että ihmiset tulisivat tekemään syntiä ja lankeamaan kuoleman tielle. Tästä syystä Hän päätti jo ennen aikojen alkua lähettää maahan Jeesuksen Kristuksen Pelastajaksi. Jumala piti tämän salaisuutena siihen saakka kunnes tämä suunnitelma täyttyi. Mistä tämä johtuu? Jos tämä pelastuksen tie olisi ollut tiedossa ei se olisi täyttynyt paholaisen ja Saatanan sekaantumisen johdosta (1. Kor. 2:6-8). Paholainen ja Saatana-vihollinen luulivat voivansa pitää Aatamilta saamansa vallan ikuisesti jos ne vain tappaisivat Jeesuksen. Tie pelastukseen kuitenkin aukeni koska ne usuttivat ihmiset tappamaan Jeesuksen! Mutta huolimatta siitä että me tiedämme tämän suuren salaisuuden tästä tiedosta ei ole mitään hyötyä jos me emme omaa hengellistä rakkautta.

Sama pätee tietouteen. Tässä "kaikki tietous" ei viittaa akateemiseen oppimiseen. Se viittaa Jumalan tietouteen sekä Raamatun 66 kirjan totuuteen. Opittuamme tuntemaan Jumalan Raamatun kautta meidän tulee myös kohdata Hänet ja kokea Hänen läsnäolonsa henkilökohtaisesti ilman että Hän pysyy pelkkänä tietoutena päässämme. Muuten tämä Sanan tietous pysyy pelkkänä tietoutena. Me voimme jopa käyttää tätä tietoutta väärällä tavalla esimerkiksi tuomitsemalla tai arvostelemalla muita. Tällä tavalla tietous ilman hengellistä rakkautta ei hyödytä meitä lainkaan.

Mitä jos meidän uskomme on niin suurta että se pystyy jopa siirtämään vuoria? Suuren uskon omaaminen ei tarkoita sitä että me omaisimme automaattisesti myös suuren määrän rakkautta.

Miksi uskon ja rakkauden määrät eivät sitten vastaa toisiaan? Usko voi kasvaa merkkien ja ihmeiden näkemisen sekä Jumalan tekojen pitämisen kautta. Pietari näki kuinka Jeesus näytti useita merkkejä ja ihmeitä ja tästä syystä hän pystyi kävelemään, vaikkakin vain hetkellisesti, veden päällä Jeesuksen kanssa. Pietari ei kuitenkaan omannut hengellistä rakkautta sillä hän ei ollut vielä saanut päälleen Pyhää Henkeä. Hän ei ollut myöskään vielä ympärileikannut sydäntään syntinsä pois heittämällä. Joten kun hänen henkeään myöhemmin uhattiin hän kielsi Jeesuksen kolmeen otteeseen.

Me voimme ymmärtää kuinka meidän uskomme kasvaa kokemustemme mukaan mutta hengellinen rakkaus saapuu meidän sydämeeme vasta sitten kun me näemme vaivaa ja omaamme uskoa ja uhrautuvaisuutta heittääksemme pois syntejä. Me voimme yrittää heittää syntimme pois ja rakastaa Jumalaa ja sieluja omaamamme uskomme avulla. Ilman Herran tekoja muistuttavia tekoja ja uskollisen rakkauden jalostamista meidän Jumalan kuningaskunnan puolesta tekemillämme teoilla ei ole mitään tekemistä Jumalan kanssa siitä huolimatta kuinka uskollisia me yritämme olla. On kuten Jeesus sanoi: *"Ja silloin minä lausun heille julki: 'Minä en ole koskaan teitä tuntenut; menkää pois minun tyköäni, te laittomuuden tekijät'"* (Matteus 7:23).

Taivaallisia palkioita tuova rakkaus

Yleensä vuoden loppua monet organisaatiot ja yksityiset ihmiset lahjoittavat rahaa televisio-ohjelmien tai sanomalehtien kautta apua tarvitseville. Mitä jos heidän nimiään ei mainittaisi sanomalehdessä tai televisio-ohjelman aikana? Luultavasti monet näistä yhtiöistä tai ihmisistä eivät tekisi näitä lahjoituksia.

Jeesus sanoi Matteuksen jakeissa 6:1-2 näin: *"Kavahtakaa, ettette harjoita vanhurskauttanne ihmisten nähden, että he teitä katselisivat; muutoin ette saa palkkaa Isältänne, joka on taivaissa. Sentähden, kun annat almuja, älä soitata torvea edelläsi, niinkuin ulkokullatut tekevät synagoogissa ja kaduilla saadakseen ylistystä ihmisiltä. Totisesti minä sanon teille: he ovat saaneet palkkansa."* Jos me autamme toisia saadaksemme ihmisiltä kunnioitusta me saamme nauttia tästä hetken mutta tämä ei johda mihinkään palkkioihin Jumalalta.

Tämänkaltainen antaminen on jotakin mikä tapahtuu meidän itsemme takia tai kerskailun takia. Jos henkilö tekee hyväntekeväisyyttä ainoastaan muodon vuoksi hänen sydämensä ilostuu sitä enemmän mitä enemmän häntä kehutaan. Jos Jumala siunaa häntä hän saattaa pitää itseään kunnollisena Jumalan silmissä ja tällöin hän ei ympärileikkaa sydäntään mikä on hänelle vahingoksi. Jos sinä teet hyväntekeväisyyttä rakkaudesta lähimmäisiäsi kohtaan sinä et välitä siitä tunnistavatko ihmiset tätä vai eivät. Tämä johtuu siitä että sinä uskot että Isä Jumala näkee mitä sinä teet salassa ja palkitsee sinut (Matt. 6:3-4).

Herran hyvät teot eivät ole pelkästään perustarpeiden, kuten vaatteiden, ruoan ja suojan antamista. Se on enemmänkin hengellisen leivän antamista sielujen pelastamiseksi. Nykyään monet ihmiset, niin uskovat kuin ei-uskovatkin, sanovat että kirkon rooli on auttaa sairaita, hyljättyjä sekä köyhiä. Tämä ei ole tietenkään väärin, mutta kirkon tärkein rooli on evankeliumin saarnaaminen ja sielujen pelastaminen niin että he voivat saada hengellisen rauhan. Tässä on hyväntekeväisyyden syy.

Tämän tähden kun me autamme muita on erittäin tärkeää että me teemme tämän Pyhän Hengen ohjaamana. Jos henkilö saa ei-kunnollista apua tämä saattaa saada hänet liikkumaan yhä kauemmaksi Jumalasta. Pahimmassa tapauksessa tämä saattaa jopa ajaa hänet kuolemaan. Me voimme esimerkiksi auttaa liiallisen juomisen tai uhkapelin tähden tai Jumalaa vastustamisen tähden vaikeuksissa olevia. Tällöin tämä apu saa heidät vain kulkemaan yhä enemmän väärään suuntaan. Tämä ei tietenkään tarkoita sitä että meidän ei pidä auttaa ihmisiä jotka eivät ole uskossa. Meidän pitää auttaa ei-uskovia kertomalla heille Jumalan rakkaudesta. Meidän ei pidä kuitenkaan unohtaa että hyväntekeväisyyden tärkein tarkoitus on evankeliumin levittäminen.

Tuoreiden uskovien tapauksessa heidän uskonsa on vielä heikkoa ja niin onkin tärkeää että me vahvistamme heidän uskoaan kunnes se on kasvanut. Joskus jopa uskoa omaavien joukossa on ihmisiä joilla on synnynnäisiä sairauksia tai jotka eivät pysty ansaitsemaan omaa elantoaan onnettomuuden tähden. On myös vanhuksia jotka elävät yksin sekä lapsia jotka pitävät huolta taloudesta vanhempien poissaolon tähden. Nämä ihmiset saattavat tarvita hyväntekeväisyyttä epätoivoisesti. Jos me autamme tarpeessa olevia ihmisiä Jumala antaa meidän sielumme kukoistaa ja antaa kaiken sujua hyvin.

Apostolin tekojen 10. luku kertoo kuinka Kornelius oli siunauksia saava henkilö. Hän pelkäsi Jumalaa ja auttoi juutalaisia. Hän oli Israelia miehittävän armeijan korkea-arvoinen upseeri, sadanpäämies. Paikallisten auttamisen on täytynyt olla vaikeaa hänen tilanteessaan. Myös juutalaisten on täytynyt olla epäileviä sen suhteen mitä hän teki ja myös hänen kollegojensa on täytynyt olla kriittisiä hänen toimiaan kohtaan. Hän kuitenkin pelkäsi Jumalaa eikä hän siten halunnut lopettaa hyviä tekoja ja hyväntekeväisyyttä. Jumala näki kaikki hänen hyvät tekonsa ja lähetti Pietarin hän taloonsa niin että hän voisi opastaa hänen perhettään ja jotta kaikki hänen kanssaan olleet voisivat saada osakseen Pyhän Hengen sekä pelastuksen.

Hyvien tekojen lisäksi myös Jumalalle annattujen uhrien pitää olla annettuja hengellisessä rakkaudessa. Markuksen 12. luku kertoo kuinka Jeesus ylisti leskeä joka antoi uhrinsa koko sydämestään. Hän antoi vain kaksi ropoa mutta hänellä ei ollut antaa tämän enempää. Miksi Jeesus sitten ylisti häntä? Matteus 6:21 sanoo: "...*Sillä missä sinun aarteesi on, siellä on myös sinun sydämesi.*" Tämä leski antoi kaikki ruokarahansa ja hänen koko sydämensä oli Jumalan edessä. Hän ilmaisi tällä tavalla rakkauttaan Jumalaa kohtaan. Vastentahtoisesti tai muiden mielipiteiden tähden annetut uhrit taas eivät miellytä Jumalaa, ja siten niiden antaminen ei hyödytä niiden antajaa.

Puhukaamme seuraavaksi uhrautuvaisuudesta. Tässä "ruumiin antaminen poltettavaksi" tarkoittaa itsensä täysin uhraamista. Yleensä uhrit annetaan rakkaudesta mutta ne voivat olla myös ilman rakkautta. Mitä sitten ovat ilman rakkautta annetut uhrit?

Esimerkiksi se että me valitamme jostakin sen jälkeen kun me olemme tehneet Jumalan työtä on esimerkki rakkaudettomasta uhrista. Tämä on sitä että me käytämme kaiken voimamme, aikamme ja rahamme Jumala tekojen edestä mutta kukaan ei huomaa tai ylistä tätä ja niin sinä tunnet olosi pahaksi ja valitat siitä. Se on myös sitä että sinä valitat että toiset kirkon työntekijät eivät ole yhtä intohimoisia kuin sinä siitä huolimatta että he väittävät rakastavansa Jumalaa ja Herraa. Sinä saatat jopa sanoa mielessäsi että he ovat laiskoja. Loppujen lopuksi kyseessä on kuitenkin vain siitä että sinä tuomitset ja arvostelet heitä. Tämänkaltainen asenne pitää sisällään salaisen halun tulla muiden kehumaksi sekä halun kerskailla uskollisuudellaa. Tämänkaltainen uhraaminen saattaa rikkoa ihmisten välillä olevan rauhan ja aiheuttaa surua Jumalalle. Tämänkaltainen uhraus ilman rakkautta ei hyödytä ketään.

Sinä et kuitenkaan ehkä valita ulkoisesti sanoillasi. Mutta jos kukaan ei kuitenkaan tunnusta uskollisia tekoja sinä saatat lannistua ja luulla että sinä että ole mitään. Näin sinun halusi Jumalaa kohtaan haalenee. Sinä saatat lannistua ja syyttää sinua kritisoivia ihmisiä jos joku tuo esiin sinun virheesi ja heikkoutesi sinun tekemissäsi teoissa siitä huolimatta että sinä olet tehnyt näitä tekoja kaikin voiminesi ja itseäsi uhraten. Sinä tulet kateelliseksi ja mustasukaiseksi kun joku toinen kantaa sinua enemmän hedelmiä ja häntä ylistetään ja suositaan tämän tähden. Tällöin sinä et voi tuntea aitoa iloa sisälläsi siitä huolimatta kuinka uskollinen ja palava palvelija sinä olet aiemmin ollut. Sinä saatat jopa luopua velvollisuuksistasi.

On myös ihmisiä jotka ovat palavia ainoastaan silloin kun muut ihmiset näkevät heidät. He muuttuvat kuitenkin laiskoiksi ja tekevät työnsä välinpitämättömästi tai huonosti kun he eivät ole enää muiden nähtävillä. Sen sijaan että he yrittäisivät tehdä töitä joita muut eivät ehkä näe he yrittävät vain tehdä tekoja jotka ovat hyvin julkisia. Tämä johtuu siitä että he haluavat tuoda itseään esille heidän kirkkonsa vanhempien silmissä ja olla ihmisten ylistämiä.

Joten kuinka sitten uskoa omaava ihminen voi tehdä itseään uhraavia tekoja ilman rakkautta? Tämä johtuu siitä että heillä ei ole hengellistä rakkautta. He eivät tunne sydämessään että se mikä kuuluu Jumalalle kuuluu heille ja se mikä kuuluu heille kuuluu Jumalalle.

Vertaa tätä esimerkiksi tilanteeseen missä maanviljelijä viljelee omaa peltoaan ja toinen mies viljelee jonkun toisen peltoa palkasta. Omaa peltoaan viljelevä mies tekee mielellään työtä aamusta iltaan. Hän ei jätä mitään tekoja väliin ja hän tekee kaiken hyvin. Palkattu mies taas tekee työtä jollekin toiselle ja hän toivoo vain että ilta tulisi mahdollisimman nopeasti jotta hän voisi kerätä palkkansa ja mennä kotiin. Sama periaate pätee Jumalan kuningaskuntaan. Jos ihmiset eivät rakasta Jumalaa sydämessään he työskentelevät Hänelle pinnallisesti palkkatyöläisten tavoin jotka haluavat vain palkkansa. He valittavat ja huokailevat jos he eivät saa odottamaansa palkkaa.

Tämän tähden Kolossalaiskirje 3:23-24 sanoo seuraavasti: *"Kaikki, mitä teette, se tehkää sydämestänne, niinkuin Herralle eikä ihmisille, tietäen, että te saatte Herralta palkaksi perinnön; te palvelette Herraa Kristusta."* Muiden auttaminen ja itsensä uhraaminen ilman hengellistä rakkautta ovat asioita joilla ei ole mitän tekemistä Jumalan kanssa, mikä tarkoittaa että me emme voi saada Jumalalta mitään palkkioita (Matteus 6:2).

Meidän täytyy omata hengellistä rakkautta sydämessämme jos me haluamme uhrata uskollisella sydämellä. Me voimme jatkaa elämämme omistamista Herralle jos meidän sydämemme on täynnä uskollista rakkautta välittämättä siitä tunnustetaanko meidän tekojamme vai ei. Kuin kynttilä joka sytytetään loistamaan pimeydessä me voimme antaa kaiken mitä me omistamme. Vanhan testametin aikoina papit kaatoivat uhrieläimen veren ja polttivat sen ihran alttarin päällä sovitushrina teurastaessaan eläimiä uhriksi Jumalalle. Meidän Herramme Jeesus uhrattiin eläimen tavoin meidän syntiemme puolesta ja Hän vuodatti verensä ja vetensä lunastaakseen koko ihmiskunnan synneistään. Hän toimi meille esimerkkinä siitä mitä aito uhraaminen on.

Miksi Hänen uhrinsa on johdattanut niin useita ihmisiä pelastukseen? Tämä johtuu siitä että Hänen uhrinsa oli peräisin puhtaasta rakkaudesta. Jeesus täytti Jumalan tahdon oman elämänsä uhraamiseen saakka. Hän rukoili sielujen puolesta jopa viimeisen hetkensä aikana ristiinnaulitsemisen aikana (Luukas 23:34). Tämän puhtaan uhrin tähden Jumala nosti Hänet kuolleista ja antoi Hänelle kaikkein korkeimman paikan taivaassa.

Filippiläiskirje 2:9-10 sanoo: *"Sentähden onkin Jumala hänet korkealle korottanut ja antanut hänelle nimen, kaikkia muita nimiä korkeamman, niin että kaikkien polvien pitää Jeesuksen nimeen notkistuman, sekä niitten, jotka taivaissa ovat, että niitten, jotka maan päällä ovat, ja niitten, jotka maan alla."*

Jumala ylentää meidät ja johdattaa meidät korkeampiin asemiin jos me heitämme pois ahneuden ja epäpuhtaat haluta uhraten itsemme puhtaalla sydämellä. Meidän Herramme lupaa Matteuksen jakeessa 5:8 näin: *"Autuaita ovat puhdassydämiset, sillä he saavat nähdä Jumalan."* Joten me saamme siis nauttia siunauksista kun me kohtaamme Jumalan kasvotusten.

Oikeudenmukaisuuden rakkaus

Pastori Yang Won Sohnia kutsutaan 'Rakkauden ydinpommiksi.' Hän näytti esimerkkiä aidolla rakkaudella tehdyistä uhrauksista. Hän käytti kaikki voimansa spitaalisista huolehtimiseen. Hänet myös heitettiin vankilaan koska hän kieltäytyi palvomasta japanilaisia sotapyhättöjä Japanin vallan aikana. Hänen työstään huolimatta hän joutui kuulemaan kauhistuttavia uutisia. Lokakuussa 1948 vasemmistolaissotilaat tappoivat kaksi hänen poikaansa kapinana aikana.

Tavalliset ihmiset olisivat valittaneet Jumalalle sanoen: "Jos Jumala on kerran elossa kuinka Hän voi tehdä tämän minulle?" Hän kuitenkin vain kiitti Jumalaa siitä että hänen kaksi poikaansa olivat tulleet marttyyriksi ja olivat nyt taivaassa Isä Jumalan rinnalla. Tämän lisäksi hän antoi hänen poikansa tappaneille kapinalliselle anteeksi ja jopa adoptoi hänet pojakseen. Hän kiitti Jumalaa yhdeksällä eri tavalla poikiensa hautajaisissa niin koskettavasti että hän liikuttu useita paikallaolijoita.

"Ensinnäkin, minä kiitän siitä että minun pojistani on tullut marttyyreitä siitä hulolimatta että he olivat minun vertani sillä minä olen täynnä vikoja.

Toisekseen, minä kiitän Jumalaa siitä että Hän antoi minulle tämän kallisarvoisen perheen niin monen uskovan perheen ympäröimänä

Kolmanneksi, minä kiitän siitä että minun ensimmäinen ja toinen poikani uhrattiin sillä he olivat kaikista kauneimmat kolmen poikani ja kolmen tyttäreni joukossa.

Neljänneksi, on vaikeaa jos yhdestä pojasta tulee marttyyri, ja niin minä kiitän siitä että kaksi minun poikaani saivat tulla marttyyriksi.

Viidenneksi, on siunaus kuolla rauhassa Herraan Jeesukseen uskoen, ja minä kiitän siitä että he saivat marttyyriuden kirkkauden tullen ammutuksi saarnatessaan evankeliumia.

Kuudenneksi, he valmistautuivat matkustamaan Yhdysvaltoihin opiskelua varten mutta nyt he ovat menneet taivaan kuningaskuntan mikä on paljon parempi paikka. Minä olen helpottunut ja annan tästä kiitosta.

Seitsemänneksi, minä kiitän Jumalaa siitä että minä olen saanut adoptoida pojakseni poikani tappaneen vihollisen.

Kahdeksanneksi, minä kiitän sen tähden että minä uskon että taivaassa on runsaasti hedelmiä kahden poikani marttyyriuden tähden.

Yhdeksänneksi, minä kiitän Jumalaa joka on antanut minun ymmärtää Jumalan rakkauden voidakseni iloita jopa näiden vaikeuksien aikana."

Pastori Yang Won Sohn ei liittynyty evakuoitavien joukkoon Korean sodan aikana voidakseen jatkaa sairaista huolehtimista. Lopulta kommunistiset sotilaat tekivät hänestä marttyyrin. Hän piti huolta sairaista joista kukaan muu ei välittänyt ja sydämensä hyvyydestä hän piti huolta jopa hänen poikansa tappaneesta vihollisesta. Hän pystyi uhraamaan itsensä tällä tavalla sen ansiosta että hän oli täynnä aitoa rakkautta Jumalaa ja muita sieluja kohtaan.

Kolossalaiskirje 3:13 sanoo: *"Mutta kaiken tämän lisäksi pukeutukaa rakkauteen, mikä on täydellisyyden side"* Me voimme puhua enkelten kauniilla sanoilla ja pystyä profetoimaan ja omata uskoa jolla siirtää vuoria sekä uhraamaan itsemme muiden puolesta mutta tästä huolimatta nämä teot eivät ole Jumalan silmissä täydellisiä jos niitä ei tehdä aidossa rakkaudessa. Tutkiskelkaamme seuraavaksi mitä aidon rakkauden merkitys on ymmärtääksemme Jumalan rajatonta rakkautta.

Rakkauden piirteet

"Rakkaus on pitkämielinen, rakkaus on lempeä;
rakkaus ei kadehdi, ei kerskaa, ei pöyhkeile,
ei käyttäydy sopimattomasti, ei etsi omaansa, ei katkeroidu,
ei muistele kärsimäänsä pahaa, ei iloitse vääryydestä,
vaan iloitsee yhdessä totuuden kanssa; kaikki se peittää,
kaikki se uskoo, kaikki se toivoo, kaikki se kärsii."

1. Korinttolaiskirje 13:4-7

Matteuksen 24. luku kertoo kuinka Jeesus murehti katsellessaan Jerusalemia ollen tietoinen siitä että Hänen aikansa oli lähellä. Hänen täytyi tulla naulituksi ristille Jumalan suunnitelman mukaisesti mutta Hän ei kuitenkaan voinut olla murehtimatta ajatellessaan Jerusalemia ja juutalaisia lähestyvää katastrofia. Hänen opetuslapsensa ihmettelivät miksi Hän murehti ja kysyivät: *"mikä on sinun tulemuksesi ja maailman lopun merkki?"* (jae 3).

Joten Jeesus kertoi heille useista merkeistä ja sanoi että rakkaus viilentyisi: *"Sentähden, että laittomuus pääsee valtaan, kylmenee useimpien rakkaus"* (jae 12).

Me voimme tuntea nykyään kuinka ihmisten rakkaus on muuttunut kylmäksi. Monet ihmiset etsivät rakkautta mutta he eivät kuitenkaan tiedä mitä todellinen rakkaus, eli hengellinen rakkaus, on. Me emme voi omata aitoa rakkautta vain siksi että me haluamme sitä. Me voimma alkaa saamaan sitä Jumalan rakkauden alkaessa tulemaan sydämeemme. Me voimme siten alkaa ymmärtämään mitä sen ja heittämään pahuuden pois sydämestämme.

Room 5:5 sanoo: *"...mutta toivo ei saata häpeään; sillä Jumalan rakkaus on vuodatettu meidän sydämiimme Pyhän Hengen kautta, joka on meille annettu."* Kuten sanottua, me voimme tuntea Jumalan rakkauden sydämessämme olevan Pyhän Hengen kautta.

Jumala kertoo meille hengellisen rakkauden piirteista 1. Korinttolaiskirjeen jakeissa 13:4-7. Jumalan lasten pitää oppia nämä piirteet ja elää niiden mukaisesti voidakseen tulla rakkauden sanansaattajiksi jotka antavat ihmisten tuntea hengellistä rakkautta.

 # 1. Rakkaus on pitkämielinen

Jos henkilöllä ei ole kärsivällisyyttä hän voi helposti lannistaa muita ihmisiä. Kuvittele, että esimies antaa jollekin jonkin tietyn työn mutta tämä henkilö ei tee tätä kunnolla. Tämän johdosta tämä esimies antaa tämän työn jollekin toiselle. Tämän tehtävän alunperin saanut henkilö saattaa lannistua sen tähden että hän ei saanut toista tilaisuutta korjata virhettään. Jumalan on asettanut pitkämielisyyden hengellisen rakkauden ensimmäiseksi piirteeksi sillä se on hengellisen rakkauden jalostamisen peruspiirre. Jos me omaamme rakkautta odottaminen ei ole tylsää.

Ymmärrettyämme Jumalan rakkautta me yritämme jakaa sen ympärillämme olevien ihmisten kanssa. Joskus me yritämme jakaa tätä rakkautta tällä tavalla ja ihmisten reaktiot voivat murtaa meidän sydämemme tai aiheuttaa meille vahinkoa. Tällöin nämä ihmiset eivät vaikuta enää mukavilta emmekä me pysty ymmärtämään heitä. Hengellisen rakkauden omaamiseksi tarvitaan pitkämielisyyttä ja rakkautta jopa näitä ihmisiä kohtaan. Meidän pitää hallita mielemme ja olla heitä kohtaan pitkämielinen ja rakastaa heitä vaikka he puhuisivat meistä pahaa, vihaisivat meitä tai yrittäisivät aiheuttaa meille vaikeuksia ilman mitään syytä.

Kerran eräs kirkon jäsen pyysi minua rukoilemaan hänen vaimonsa masennuksen tähden. Hän myös sanoi että hän joi paljon ja että kun hän alkoi juomaan hän muuttui täysin toiseksi henkilöksi joka aiheutti paljon murhetta perheelleen. Hän vaimonsa oli kuitenkin aina kärsivällinen hänen kanssaan ja yritti peittää hänen vikansa rakkaudella. Hänen tapansa eivät kuitenkaan koskaan muuttuneet ja ajan kuluessa hänestä tuli alkoholisti. Hänen vaimonsa menetti elämänhalunsa ja tuli masentuneeksi.

Tämä mies aiheutti niin paljon surua perheelleen juomisellaan mutta tästä huolimatta hän tuli luokseni jotta minä rukoilisin hänen puolestaan sillä hän silti rakasti vaimoaan. Kuultuani hänen tarinansa minä sanoin hänelle näin. "Miksi juomisen ja polttamisen lopettaminen on sitten niin vaikeaa jos sinä todella rakastat vaimoasi?" Mies ei sanonut tähän mitään ja hän näytti siltä että häneltä puuttui itseluottamusta. Minä säälin hänen perhettään. Minä rukoilin sen puolesta että hänen vaimonsa parantuisi masennuksestaan ja sen puolesta että hän saisi voimaa lopettaa tupakan polttamisen ja juomisen. Jumalan voima oli ihmeellinen! Tämä mies pystyi lopettamaan juomisen ajattelemisen heti tämän rukouksen jälkeen. Ennen tätä juomisen lopettaminen ei ollut hänelle mahdollista mutta hän lopetti heti sen jälkeen kun minä olin rukoillut hänen puolestaan. Myös hänen vaimonsa parantui masennuksesta.

Pitkämielisyys on hengellisen rakkauden alku

Meidän pitää olla muiden kanssa pitkämielisiä kaikissa tilanteissa jalostaaksemme hengellistä rakkautta. Kärsitkö sinä sitkeytesi tähden? Tai lannistutko sinä tarinan vaimon tavoin jos sinä olet olet ollut kauan aikaa kärsivällinen tilanteessa mikä ei koskaan muutu paremmaksi? Tällöin meidän pitää ensin tarkistaa sydämemme ennenkuin me syytämme olosuhteita tai muita ihmisiä. Ei ole sellaista tilannetta missä me emme voi olla kärsivällisiä jos me olemme jalostaneet totuutta sydämessämme. Tämä tarkoittaa sitä että jos me emme pysty olemaan pitkämielisiä meillä on silloin vielä pahuutta, eli epätotuutta, sydämessämme sen verran kuin mitä meiltä puuttuu kärsivällisyyttä.

Pitkämielisyys tarkoittaa sitä että me olemme pitkämielisiä itsemme kanssa ja kaikkien niiden vastoinkäymisten suhteen joita me kohtaamme kun me yritämme osoittaa aitoa rakkautta. Me voimme kohdata vaikeita tilanteita kun me yritämme rakastaa kaikkia Jumalan Sanaa totellen ja on hengellisen rakkauden pitkämielisyyttä olla kärsivällinen näissä tilanteissa.

Tämä pitkämielisyys eroaa Galatalaiskirjeen 5.22-23 Pyhän Hengen yhdeksän henken kärsivällisyydestä. Millä tavalla nämä sitten eroavat toisistaan? Yksi näistä Pyhän Hengen yhdeksästä hedelmästä oleva kärsivällisyys kehottaa meitä olemaan kärsivällinen kaikessa Jumalan kuningaskunnan ja hurskauden puolesta kun taas hengellisen rakkauden pitkämielisyys on sitä että me olemme kärsivällisiä hengellisen rakkauden jalostamiseksi

Kärsivällisyys yhtenä Pyhän Hengen yhdeksästä hedelmästä	1. Kaiken epätotuuden poisheittämistä ja sydämen jalostamista totuudella 2. Muiden ymmärtämistä ja heidän etujensa ajamista sekä heidän kanssaan rauhassa elämistä 3. Rukousvastauksien ja pelastuksen sekä muiden Jumalan lupaamien asioiden saamista

ja niin sillä on kapeampi ja täsmällisempi merkitys. Me voimme sanoa että se sisältyy yhden Pyhän Hengen yhdeksästä hedelmästä olevaan kärsivällisyyteen.

Nykyään ihmiset haastavat toisia helposti oikeuteen jopa pienimmästäkin vahingosta joko heidän omaisuuttaan tai heitä itseään kohtaan. Tämä on aiheuttanut oikean haasteiden tulvan. Usein ihmiset haastavat oikeuteen oman vaimonsa tai miehensä tai jopa omia lapsiaan tai vanhempansa. Jos sinä olet itse kärsivällinen toiset saattavat jopa pilkata sinua sanoen sinun olevan hölmö. Mitä Jeesus sitten sanoo tästä?

Matteus 5:39 sanoo näin: *"Mutta minä sanon teille: älkää tehkö pahalle vastarintaa; vaan jos joku lyö sinua oikealle poskelle, käännä hänelle toinenkin."* Matteus 5:40 taas sanoo näin: *"ja jos joku tahtoo sinun kanssasi käydä oikeutta ja ottaa ihokkaasi, anna hänen saada vaippasikin."*

Jeesus ei sano meille vain että meidän ei pidä vastata pahaan pahuudella vaan että meidän pitää olla pitkämielisiä. Hän myös kehottaa meitä olemaan hyviä meitä kohti pahoja ihmisiä kohtaan. Me voimme ajatella että "Kuinka me voimme tehdä hyvää heitä kohtaan jos me olemme vihaisia ja loukkaantuneita?" Me kuitenkin pystymme tähän jos me omaamme rakkautta ja uskoa. Tämä uskoa siihen Jumalan rakkauteen minkä perusteella Hän antoi ainoan Poikansa meidän syntiemme lunastukseksi. Me voimme antaa anteeksi jopa meille paljon kärsimyksiä ja vaikeuksia tuottaneille ihmisille jos me uskomme saaneemme osaksi tämänkaltaista rakkautta. Jos me rakastamme Jumalaa joka on rakastanut meitä niin paljon että Hän antoi ainoan Poikansa meidän puolestamme ja jos me rakastamme meidän puolesta elämänsä antanutta Herraa me pystymme rakastamaan kaikkia ympärillämme olevia ihmisiä.

Rajaton pitkämielisyys

On ihmisiä jotka tukahduttavat sisällään olevaa kiukkua, vihaa, suuttumusta ja muita negatiivisia tunteita kunnes heidän mittansa on täynnä ja he räjähtävät. On myös sisäänpäin kääntyneitä ihmisiä jotka eivät ilmaise itseään helposti mutta silti kärsivät sydämessään mikä saa heidät kokemaan stressiä ja kärsimään negatiivisista terveysvaikutuksista. Tämänkaltainen kärsivällisyys on kuin metallisen jousen puristamista käsien välissä. Heti kun sinä päästä siitä irti se laukeaa.

Jumala haluaa meidän omaavan sellaista pitkämielisyyttä jonka avulla me voimme olla pitkämielisiä loppuun saakka ilman että meidän asenteemme muuttuu. Eli tarkemmin sanottuna meidän ei tarvitsisi edes olla kärsivällisiä jos me omaamme tämänkaltaista pitkämielisyyttä. Me emme tällöin varastoisi kiukkua tai katkeruutta sydämessämme vaan me pystyisimme poistamaan itsestämme pahuuden alkupiirteen joka saa meidät kokemaan näitä pahoja tunteita ja niin me voimme muuttaa tämän pahuuden hyvyydeksi ja myötätunnoksi. Tämä on pitkämielisyyden hengellisen merkityksen ydin. Meidän ei ole vaikeaa rakastaa jopa vihamiehiämmekin jos me kannamme sydämessämme pahuuden sijaan vain hengellisen rakkauden täyteyttä. Itse asiassa me emme tällöin salli edes pahojen tunteiden kehittyä.

Me näemme kaikessa ensin muideni ihmisten negatiiviset

piirteet vaikka he olisivatkin oikeasti hyväsydämisiä jos meidän sydämemme on täynnä pahuutta, toraisuutta, kateutta ja mustasukkaisuutta. On kuin sinä pitäisit jatkuvasti aurinkolaseja jotka saaat kaiken näyttämään tummalta. Jos meidän sydämemme on kuitenkin täynnä rakkautta jopa pahuutta tekevät ihmiset näyttävät ihanilta. Heidän vioistaan, puutteistaan ja heikkouksista huolimatta me emme tunne heitä kohtaan vihaa. Me emme vihaisi heitä edes silloin jos he vihaisivat meitä ja käyttäytyisivät meitä kohtaan pahasti.

Myös Jeesuksen sydän on täynnä kärsivällisyyttä. 'Särjettyä ruokoa hän ei muserra, ja suitsevaista kynttilänsydäntä hän ei sammuta.' Myös Stefanuksen sydän oli tämänkaltainen ja hän rukoili häntä kivittäneiden ihmisten puolesta sanoen: *"Herra, älä lue heille syyksi tätä syntiä!"* (Ap.t. 7:60). He kivittivät hänet sen tähden että hän oli saarnannut evankeliumia. Oliko Jeesukselle vaikeaa rakastaa syntisiä? Ei tietenkään! Hänen sydämensä oli itse totuus.

Eräänä päivänä Pietari kysyi Jeesukselta näin: *"Herra, kuinka monta kertaa minun on annettava anteeksi veljelleni, joka rikkoo minua vastaan? Ihanko seitsemän kertaa?"* (Matteus 18:21). Jeesus vastasi tähän näin: *"Minä sanon sinulle: ei seitsemän kertaa, vaan seitsemänkymmentä kertaa seitsemän"* (jae 22).

Tämä ei tarkoita sitä että meidän pitäisi antaa anteeksi vain seitsemänkymmentä kertaa seitsemän kertaa, eli 490 kertaa. Seitsemän symboloi hengellisesti täydellisyyttä. Täten seitsemänkymmentä kertaa seitsemän tarkoittaa täydellistä anteeksiantoa. Me voimme tuntea tästä Jeesuksen rajattoman rakkauden ja anteeksiannon.

Hengellisen rakkauden saavuttava pitkämielisyys

Ei ole tietenkään helppoa muuttaa vihaa rakkaudeksi yhdessä yössä. Meidän pitää olla kärsivällisiä pitkän ajan herpaantumata. Efesolaiskirje 4:26 sanoo: *"Vihastukaa, mutta älkää syntiä tehkö. Älkää antako auringon laskea vihanne yli."*
Tässä jae puhuu kiivastumisesta osoittaen tämän heikon uskon omaaville. Jumala sanoo heille että vaikka he kiivastuisivatkin uskonpuutteensa tähden heidän ei pidä kuitenkaan kantaa kaunaa auringonlaskuun saakka, mikä tarkoittaa pitkää aikaa. Sen sijaan heidän pitää päästää vihastaan irti. Jokainen ihminen voi uskonsa mitan mukaan muuttaa sydämensä totuudenmukaiseksi ja hengellinen rakkaus kasvaa hänen sydämessään pikku hiljaa kun hän yrittää heittää pois vihan ja kiukun tunteita jotka aina silloin tällöin kumpuavat hänen sydämestään.

Henkilö voi heittää pois hänen sydämeensä juurtuneen syntisen luonteen jos hän rukoilee palavasti Pyhässä Hengessä. On erittäin tärkeää että me yritämme olla suosiollisia sellaisia ihmisiä kohtaan joista me emme pidä ja osoitamme heille hyvyyttä. Tehdessämme näin meidän sydämessämme oleva viha katoaa pian ja me pystymme rakastamaan näitä ihmisiä. Meidän sydämessämme ei ole enää ristiriitoja emmekä me vihaa ketään. Me pystymme myös elämään onnellista elämää Taivaassa Herran sanojen mukaisesti: *"Sillä katso, Jumalan valtakunta on sisällisesti teissä"* (Luuk. 17:21).

Ihmiset sanovat olevansa taivaassa kun he ovat onnellisia.

Samalla tavalla meidän joukossamme oleva taivaan kuningaskunta viittaa siihen että meidän pitää heittää pois sydämestämme kaikki epätotuudet täytettyämme sen totuudella, rakkaudella ja hyvyydellä. Tällöin sinun ei tarvitse olla kärsivällinen sillä sinä olet aina iloinen ja onnellinen sekä täynnä armoa ja koska sinä rakastat kaikkia ympärilläsi olevia. Mitä enemmän pahuutta sitä heität pois ja mitä enemmän hyvyyttä sinä saavutat sitä vähemmän sinä tarvitset kärsivällisyyttä. Sinä tarvitset sitä vähemmän kärsivällisyyttä tunteitesi tukahduttamiseen mitä enemmän sinä saavutat hengellistä rakkautta, ja sinä pystyt odottamaan että ihmiset muuttuvat rakkaudella kärsivällisesti ja rauhallisesti.

Taivaassa ei ole kyyneleitä, surua tai kipua. Siellä ei ole myöskään lainkaan pahuutta vaan ainoastaan hyvyyttä ja rakkautta, minkä ansiosta sinä et vihaa ketään, suutu kenellekään tai ole kenenkään kanssa äkkipikainen. Sinun ei pidä hillitä tai hallita tunteitasi taivaassa. Myöskään Jumalan ei tietenkään pidä olla kärsivällinen minkään kanssa sillä Hän on itse rakkaus. Raamattu sanoo että rakkaus on pitkämielinen sen tähden että ihmisinä meillä on sielu ja ajatuksia. Jumala haluaa auttaa ihmisiä ymmärtämään. Mitä enemmän pahuutta sinä olet heittänyt pois sitä vähemmäns sinun tarvitsee olla kärsivällinen.

Vihollisen muuttaminen ystäväksi pitkämielisyyden kautta

Yhdysvaltojen kuudestoista presidentti Aabraham Lincoln ei ollut hyvissä väleissä Edwin Stantonin kanssa heidän olleessa lakimiehiä. Stanton tuli vauraasta perheestä ja hän sai hyvän koulutuksen kun taas Lincolnin isä oli köyhä suutari eikä hän käynyt edes peruskoulua loppuun. Stanton pilkkasi Lincolnia kovin sanoin. Lincoln ei kuitenkaan koskaan suuttunut tai vastannut hänelle ilkein sanoin.

Tultuaan valituksi presidentiksi Lincoln nimitti Edwin Stantonin puolustusministeriksi joka oli yksi hallituksen tärkeimmistä tehtävistä. Lincoln tiesi että Stanton oli oikea mies tehtävään. Myöhemmin kun Lincoln ammuttiin Ford-teatterissa useat ihmiset pakenvat hengen hädässä mutta Stanton puolestaan juoksi suoraan Lincolnin luokse. Hän piti Lincolnia sylissään ja sanoi kyyneleet silmissään näin: "Tässä makaa historian suuri mies. Hän on historian suurin johtaja."

Hengellisen rakkauden pitkämielisyys voi tehdä ihmeitä ja muuttaa jopa vihamiehet ystäviksi. Matteus 5:45 sanoo: "...*että olisitte Isänne lapsia, joka on taivaissa; sillä hän antaa aurinkonsa koittaa niin pahoille kuin hyvillekin, ja antaa sataa niin väärille kuin vanhurskaillekin.*"

Jumala on kärsivällinen jopa pahuutta tekevien ihmisten kanssa ja Hän haluaa heidän muuttuvan joku päivä. Jos me kohtelemme pahoja ihmisiä pahuudella me olemme itsekin pahoja. Jos me olemme kuitenkin kärsivällisiä ja me rakastamme heitä katse kohti meitä palkitsevaa Jumalaa me saamme myöhemmin taivaassa kauniita taivaallisia asuinsijoja (Psalmi 37:8-9).

2. Rakkaus on lempeä

Yksi Aesopin saduista kertoo tuulesta ja auringosta. Eräänä päivänä tuuli ja aurinko löivät vetoa siitä kumpi saisi ensimmäisenä ohikulkevan miehen ottamaan takkinsa pois. Tuuli yritti ensin ja se puhkui ja puhalsi niin voimakkaasti että jopa puukin olisi siihen kaatunut. Mies kuitenkin vain kiersi takkinsa ympärilleen yhä tiukemmin. Seuraavaksi aurinko paistoi lämpöään lempeästi hymyillen. Ilman lämmetessä mies alkoi tuntea olonsa kuumaksi ja pian hän otti paitansa pois.

Tämä tarina antaa meille hyvän opetuksen. Tuuli yritti pakottaa miehen ottamaan takkinsa pis mutta aurinko sai miehen ottamaan sen pois vapaaehtoisesti. Lempeys on samanlaista. Lempeys on sitä että me kosketamme ja voitamme muiden sydämiä hyvyydellä ja rakkaudella fyysisen voiman sijaan.

Lempeys hyväksyy kaikenlaiset ihmiset

Lempeyttä omaava henkilö hyväksyy kaikenlaiset ihmiset ja monet ihmiset voivat levätä hänen rinnallaan. Sanakirja määrittelee lempeyden "kilteyden tilaksi" ja lempeys on kestävyyden merkki. Sinä voit ymmärtää lempeyttä paremmin ajattelemalla pumpulia. Pumpuli ei päästä mitään ääntä kun sitä lyödään toisella esineellä. Se vain syleilee kaikkia muita esineitä.

Lempeä ihminen on kuin puu jonka varjossa ihmiset voivat levätä. Sinä tunnet olosi paljon viileämmäksi ja paremmaksi jos sinä menet suuren puun alle kuumana kesäpäivänä aurinkoa välttääksesi. Samalla tavalla, lempeän sydämen omaavat ihmiset haluavat tämänkaltaisen ihmisen rinnalleen jonka kanssa levätä.

Yleensä me sanomme että henkilö on nöyrä ja hyväsydäminen jos hän on niin kiltti ja lempeä että hän ei suutu kehenkään joka häntä vaivaa. Mutta kaikesta tästä nöyryydestä huolimatta häntä ei voida pitää aidosti nöyränä jos Jumala ei kuitenkaan tunnusta tätä lempeyttä. On ihmisiä jotka noudattavat käskyjä hyvin ainoastaan siksi että heidän luonteensa ovat heikkoja ja konservatiivisia. Sitten on myös toisia jotka tukahduttavat vihansa siitä huolimatta että he ovat vihaisia saamansa kohtelun tähden. Heitä ei voida kuitenkaan pitää kiltteinä. Ihmiset joissa ei ole pahuutta ja jotka kantavat sydämessään ainoastaan hyvyyttä hyväksyvät ja ymmärtävät pahoja ihmisiä hengellisellä lempeydellä.

Jumala haluaa hengellistä lempeyttä

Hengellinen lempeys on peräisin hengellisen rakkauden täyteydestä ilman rakkautta. Tämän hengellisen lempeyden avulla sinä et vastusta ketään vaan hyväksyt kaikki ihmiset huolimatta siitä minkälaisia he ovat. Sinä olet myös kärsivällinen sillä sinä olet viisas. Sinun pitää kuitenkin muistaa että meitä ei voida pitää lempeänä ainoastaan siksi että me ymmärrämme ehdottomasti, annamme muille anteeksi ja olemme muita kohtaan lempeä. Meidän pitää myös omata vanhurskautta, arvokkuutta sekä arvovaltaa jolla ohjata ja vaikuttaa muihin. Joten hengellisesti lempeä henkilö ei ole vain lempeä vaan myös viisas ja vankumaton. Tämänkaltainen henkilö elää esimerkillistä elämää.

Hengellinen lempeys on siis sydämen nöyryyttä sisäisesti sekä hyveellistä antaliaisuutta ulkoisesti.

Pelkkä lempeys ei yksikseen voi saada meitä hyväksymään ja vaikuttamaan muihin positiivisesti vaikka meillä olisikin sydän missä on vain hyvyyttä jos me omaamme vain sisäistä lempeyttä. Joten kun me omaamme sisäisen lempeyden sijaan myös ulkoisia hyveellisyyden piirteitä meidän kiltteytemme tulee täydelliseksi ja muuttuu voimalliseksi. Jos me omaamme anteliaisuutta hyvän sydämen kera me voimme saavuttaa monien sydämen ja ja saada paljon aikaan.

Me voimme osoittaa aitoa rakkautta muita kohtaan kun meillä on sydämessämme vain hyvyyttä ja lempeyttä ja kun me olemme täynnä myötätuntoa ja kun me omaamme hyveellisyyttä jonka avulla ohjata muita oikeaan suuntaan. Tällöin me voimme johdattaa useita sieluja pelastukseen, eli oikealle polulle. Sisäinen lempeys ei voi loistaa ilman ulkoista hyveellisyyttä. Tarkistelkaamme seuraavaksi mitä meidän tulee tehdä jalostaaksemme sisäistä lempeyttä.

Kuinka mitata pyhittymisen sisäistä lempeyttä

Saavuuttaaksemme lempeyden meidän pitää ensiksi hankkiutua eroon kaikesta sydämessämme olevasta pahuudesta ja tulla pyhittyneeksi. Lempeä sydän on kuin pumpulia mikä ei päästä ääntäkään ja mikä syleilee toista henkilöä vaikka tämä käyttäytyisikin aggressiivisesti. Lempeän sydämen omaavassa henkilössä ei ole pahuutta eikä hän ole konfliktissa toisen henkilön kanssa. On kuitenkin vaikeaa hyväksyä muita jos me omaamme terävän vihaa, kateutta, ja mustasukkaisuutta täynnä olevan kovan sydämen mikä on omahyväinen ja itsepäinen.

Kun kivi putoaa toisen kiven tai metallisen esineen päälle se päästää kovan äänen ja kimpoaa pois. Samalla tavalla me paljastamme epämukavat tunteemme kun muut aiheuttavat meille pienenkin määrän vaivaa jos meidän lihallinen minämme on yhä elossa. Meidän emme suojele tai ymmärrä muita ihmisiä kun me näemme heidän heikkoiutensa tai vikansa vaan sen sijaan tuomitsemme, arvostelemme ja pilkkaamme heitä. Tämä tarkoittaa että me olemme kuin pieni astia joka tulvii yli heti jos siihen kaadetaan jotakin.

Sellainen sydän on pieni joka on täynnä niin paljon likaisia asioita että sinne ei mahdu enää mitään muuta. Me saatamme esimerkiksi loukkaantua jos toiset osoittavat meidän virheitämme. Tai me saatamme luulla että ihmiset puhuvat meistä ja me mietimme mitä he sanovat kun me näemme heidän kuiskaavan. Me saatamme jopa tuomita muita ainoastaan sen perusteella että he ovat vilkaisseet meitä nopeasti.

Se että meillä ei ole lainkaan pahuutta sydämessämme on hyvyyden jalostuksen perusvaatimus. Syy tähän on että kun meissä ei ole pahuutta me voimme arvostaa toisia sydämessämme ja me voimme nähdä heidät hyvyyden ja rakkauden silmin. Lempeä ihminen katsoo muita armolla ja myötätuntoisesti kaiken aikaa. Hänellä ei ole mitään aikomusta tai tarkoitusta tuomita muita ja hän yrittää vain ymmärtää muita rakkaudella ja hyvyydellä. Jopa pahojen ihmisten sydämet sulavat tämänkaltaisen lämmön takia.

On erityisen tärkeää että muita opettavat ja ohjaavat ihmiset ovat pyhittyneitä. Mitä enemmän heissä on pahuutta sitä enemmän he luottavat lihallisiin ajatuksiinsa. Samalla tavall ahe eivät pysty määrittelemään laumansa tilaa kunnolla ja niin he eivät pysty ohjaamaan sieluja vihreille niityille ja hiljaisten vesien varrelle. Me voimme saada Pyhän Hengen ohjausta ja ymmärtää laumamme tilaa voidaksemme ohjata heitä parhaalla mahdollisella tavalla vasta sitten kun me olemme täysin pyhittyneitä. Jumala myös tunnustaa ainoastaan sellaiset ihmiset jotka ovat pyhittyneet ollen täysin lempeitä. Eri ihmisillä on eri mittapuita sen määrittelemiseen kuinka lempeitä ihmiset ovat. Lempeys ihmisten silmissä ja Jumalan silmissä eivät kuitenkaan ole sama asia.

Jumala tunnusti Mooseksen lempeyden

Raamattu kertoo kuinka Jumala tunnusti Mooseksen lempeyden. Mooseksen 12. luku kertoo kuinka tärkeää on tulla Jumalan tunnustamaksi. Tämä liittyy tapauksen jossa Mooseksen veli Aaron ja hänen sisarensa Miriam kritisoivat Moosesta siitä että hän oli mennyt naimisiin kuusilaisen naisen kanssa.

4. Moos. 12:2 sanoo: *"...Ja he sanoivat: 'Ainoastaan Mooseksen kauttako Herra puhuu? Eikö hän puhu myös meidän kauttamme?' Ja Herra kuuli sen."*

Mitä Jumala tästä sanoi: *"Hänen kanssaan minä puhun suusta suuhun, avoimesti enkä peitetyin sanoin, ja hän saa katsella Herran muotoa. Miksi ette siis peljänneet puhua minun palvelijaani Moosesta vastaan?"* (4. Moos. 12:8).

Aaronin ja Miriamin kommentit saivat Jumalan vihaiseksi.

Miriam sai tämän johdosta spitaalin. Aaron oli melkein kuin Mooseksen äänitorvi ja Miriam oli myös yksi seurakunnan johtajista. He luulivat olevansa Jumalan tunnustamia ja rakastamia samalla tavalla kuin Mooses ja tämän tähden he kritisoivat häntä välittömästi luullessaan hänen tehneen jotakin väärin.

Jumala ei kuitenkaan hyväksynyt sitä kuinka Aaron ja Miriam tuomitsivat ja puhuivat Moosesta vastaan omien mielipiteidensä perusteella. Minkälainen mies Mooses sitten oli? Jumala oli tunnustanut hänet kaikista maailman ihmisistä nöyrimmäksi ja lempeimmäksi. Hän oli uskollinen koko Jumalan talossa ja tästä syystä Jumala luotti häneen niin paljon että hän sai jopa keskustella Jumalan kanssa.

Me voimme nähdä miksi Jumala tunnusti Mooseksen olevan niin hyveellinen kun me katsomme sitä prosessia jonka kautta Israelin kansa pakeni Egyptistä Kanaanin maahan. Egyptistä paenneet ihmiset tekivät jatkuvasti syntiä ja toimivat vastoin Jumalan tahtoa. He valittivat Moosesta vastaan ja syyttivät häntä jopa pienimmistä vaikeuksista, ja he puhuivat samalla tavalla Jumalasta. Joka kerta kun he valittivat Mooses pyysi Jumalalta armoa.

Eräs tapaus osoittaa Mooseksen lempeyden dramaattisesti. Mooseksen ollessa Siinai-vuorella kymmentä käskyä vastaanottamassa hänen kansansa valmisti epäjumalan, kultaisen vasikan, ja sitten söivät, joivat ja juhlivat sitä palvoessaan. Egyptiläiset olivat palvoneen härkiä ja lehmiä muistuttavia epäjumalia, ja niin he kopioivat näitä jumalia. Jumala oli näytttänyt heille useaan otteeseen olevansa heidän kanssaan mutta he eivät osoittaneet muuttuneensa tämän ansiosta. Lopulta Jumalan viha lankesi heidän päälleen. Tuolloin Jumala kuitenkin tuli heidän puolestaan väliin ja asetti oman henkensä pantiksi. *"Jospa nyt antaisit heidän rikoksensa anteeksi! Mutta jos et, niin pyyhi minut pois kirjastasi, johon kirjoitat"* (Exodus 32:32).

"Sinun kirjasi" viittaa elämän kirjaan mihin kaikkien pelastettujen nimeton kirjattu. Sinä et voi pelastua jos sinun nimesi pyyhitään siitä pois. Tämä ei tarkoita sitä että sinä et pelastu vaan että sinä joudut myös kärsimään ikuisesti helvetissä. Mooses oli hyvin tietoinen elämästä ja kuolemasta mutta hän halusi pelastaa kansansa vaikka se olisi tarkoittanut sitä että hänen pitäisi antaa oman pelastuksensa pois. Jumala ymmärsi tätä Mooseksen sydäntä sillä Hän ei tahdo kenenkään joutuvan kadotukseen.

Mooses jalosti lempeyttä koettelemusten kautta

Mooses ei tietenkään omannut tämän kaltaista lempeyttä heti alusta asti. Hän oli kyllä juutalainen mutta hän oli kasvanut egyptiäisen prinssin poikana ja niin häneltä ei puuttunut mitään. Hän sai parhaimman egyptiläisen opetuksen ja taistelukoulutuksen. Hän oli myös ylpeä ja itsetietoinen. Eräänä päivänä hän näki egyptiläisen miehen pahoinpitelevän juutalaista miestä ja kiivaudessaan Mooses tappoi tämän egyptiläisen.

Tämän teon takia Mooseksesta tuli yhdessä yössä lainsuojaton. Onneksi eräs Midian-niminen pappi auttoi häntä niin että hänestä tuli erämaassa työskentelevä paimen. Mooses kuitenkin menetti kaiken mitä hänellä oli ollut. Egyptiläisten silmissä paimentaminen oli erittäin alhainen työ. Neljänkymmenen vuoden ajan Mooseksen täytyi tehdä jotakin mitä hän oli ennen pitänyt alhaisena työnä. Tänä aikana hän kuitenkin nöyrtyi täysin, ymmärtäen paljon asioita Jumalan rakkaudesta ja elämästä. Jumala ei kutsunut Moosesta, Egyptin prinssiä, Israelin kansa johtajaksi. Jumala kutsui paimen-Mooseksen joka oli nöyrtänyt itsensä useaan kertaan jo ennen Jumalan kutsua. Hän nöyrtyi täydellisesti ja heitti pois kaikenlaisen pahan sydämestään koettelemusten kautta ja tästä syystä hän pysty johdattamaan 600,000 ihmistä pois Egyptistä Kanaanin maahan.

Joten lempeyden jalostuksessa on tärkeää että me jalostamme hyvyyttä ja rakkautta nöyrtymällä Jumalan edessä meille sallittujen koettelemusten aikana. Meidän nöyryytemme määrä vaikuttaa myös meidän lempeyteemme. Jos me olemme tyytyväisiä nykyiseen tilaamme ja me kuvittelemme että me olemme jalostaneet totuutta ja tulleet muiden ihmisten tunnustamiksi niin me olemme itseasiassa tulleet vain ylpeämmäksi Aaronin ja Miriamin tavoin.

Hyveellinen anteliaisuus täydentää hengellistä lempeyttä

Voidaksemme jalostaa hengellistä lempeyttä meidän pitää tulla pyhittyneeksi heittämällä pois kaikki pahuuden muodot sekä jalostamalla anteliaisuutta. Hyveellinen anteliaisuus tarkoittaa sitä että me ymmärrämme ja hyväksymme muita oikeudenmukaisesti, teemme oikein velvollisuuksiemme mukaisesti ja omaamme luonteen joka rohkaisee ja sallii toisten antautua sydämensä ymmärtämällä heidän heikkouksiaan ja silti hyväksymällä ilman fyysistä voimaa. Tämän kaltaiset ihmiset rakastavat sitä että he saavat muut ihmiset itsevarmemmiksi ja luottavaisemmiksi. Hyveellistä anteliaisuutta voidaan verrata ihmisten vaatteisiin. Siitä huolimatta kuinka hyviä me olemme sisäisesti alastomina ollessamme ihmiset katsovat meitä halveksuen. Samalla tavalla me emme voi osoittaa meidän lempeytemme luonnetta ilman tätä hyveellistä anteliaisuutta lempeydestämme huolimatta. Jos henkilö on esimerkiksi sisäisesti lempeä mutta hän puhuu paljon tarpeettomia asioita muiden kanssa ei hän voi ansaita muiden luottamusta. Hän ei tee tätä pahasta mutta hän ei kuitenkaan näytä hyvätapaiselta tai koulutetulta tämän ylenpalttisen puhumisen takia. On ihmisiä jotka eivät kanna mistään kaunaa omaamansa lempeyden tähden ja nämä ihmiset eivät aiheuta muille vahinkoa. Jos he eivät kuitenkaan aktiivisesti auta muita tai ole toisia kohtaan huomaavainen, on heidän vaikea saavuttaa ihmisten sydämiä.

Kukat jotka eivät ole väreiltään kauniita tai omaa kaunista tuoksua eivät voi houkutella mehiläisiä tai perhosia vaikka niissä olisikin paljon nektaria. Samalla tavalla, me voimme olla niin lempeitä että me käännämme toisen poskemme jos joku lyö meitä mutta meidän lempeytemme ei kuitenkaan paista läpe jollemme me omaa hyveellistä anteliaisuutta teoissamme ja sanoissamme. Aito lempeys saavutetaan ja se voi näyttää oikean arvonsa vasta sitten kun sisäinen lempeys pukeutuu hyveellisen lempeyden ulkovaatteisiin.

Joosef omasi hyveellistä anteliaisuutta. Hän oli Jaakobin 11. poika ja Israelin isä. Jaakobin veljet vihasivat häntä ja hänet myytiin Egyptiin orjaksi nuorella iällä. Jumalan avulla hänestä tuli kuitenkin Ehyptin pääministeri 30 vuoden iässä.Tuohon aikaan Egypti oli Niilin varrella sijaitseva erittäin vahva valtio. Se oli yksi neljästä sivilisaatioiden kehdoista. Sen johtajat ja jopa sen kansalaiset olivat maastaan ylpeitä eikä ulkomaalaisen pääseminen pääministeriksi ollut helppoa. Hänen olisi pitänyt erota samantien jos hänestä olisi löytynyt yksikin vika.

Jopa tässä tilanteessa Joosef hallitsi Egyptiä hyvin ja viisaasti. Hän oli lempeä ja nöyrä eikä hän tehnyt virheitä teoissaan tai sanoissaan. Hän myös omasi viisautta ja arvokkuutta. Hän oli arvoltaan kuninkaan jälkeen korkein mutta hän oli muita kohtaan lempeä ja antelias. Tämän tähden kuninkaan tai muiden ministerien ei pitänyt olla hänen tähden varovainen tai varautunut eivätkä he olleet hänelle mustasukkaisia tai kateellisia. He vain luottivat häneen täydellisesti. Me voimme ymmärtää tämän siitä kuinka lämpimästi egyptiläiset toivottivat Joosefin perheen tervetulleeksi kun he muuttivat Kanaanista Egyptiin nälänhätää pakoon.

Joosefin lempeys oli hyveellisen anteliaisuuden säestämää

Hyveellisen anteliausuuden omaaminen tarkoittaa sitä että henkilö omaa avaran sydämen ja että hän ei tuomitse tai arvostele muita omien mielipiteidensä mukaa vaikka hän on itse suoraselkäinen sanoissaan ja teoissaan. Joosefin luonne tuli hyvin esille kun hänet orjaksi Egyptiin myyneet veljensä tulivat Egyptiin hakemaan ruokaa.

Aluksi Joosefin veljet eivät tunnistaneet häntä. Tämä on ymmärrettävää sillä he eivät olleet nähneet häntä yli 20 vuoteen. Tämä lisäksi he eivät olisi voineet kuvitella että Joosefista olisi voinut tulla Egyptin pääministeri. Miltä Joosefista tuntui kun näki nämä veljensä jotka olivat melkein tappaneet hänet ja myyneet hänet orjaksi Egyptiin? Hänellä oli valta saada heidät maksamaan synneistään mutta hän ei kuitenkaan halunnut kostoa. Sen sijaan hän salasi henkilöllisyytensä ja koetteli heitä muutamaan otteeseen nähdäkseen oliko heidän sydämensä samanlaisia kuin ennen.

Joosef oikeasti antoi heille mahdollisuuden katua syntejään Jumalan edessä sillä heidän syntinsä oli suunnitella veljensä tappamista ja sitten hänen myymisensä orjaksi toiseen maahan mikä ei ollut pieni asia. Hän ei vain antanut heille anteeksi tai rankaissut heitä summittaisesti vaan johdatti heidät tilanteeseen missä hänen veljensä saattoivat katua syntejään omasta toimestaan. Lopulta Joosef paljasti kuka hän oli vastas sitten kun hänen veljensä olivat muistaneet virheensä ja katuneet.

Tuolla hetkellä hänen veljensä alkoivat pelätä. Heidän henkensä oli heidän Joosef-veljensä käsissä josta oli nyt tullut senhetkisen maailman kaikista vahvimman valtion pääministeri. Joosef ei kuitenkaan halunnut kysyä heiltä miksi he olivat tekonsa tehneet. Hän ei myöskään uhannut heitä, sanoen "Nyt te saatte maksaa synneistänne." Sen sijaan hän yritti lohduttaa ja rauhoittaa heitä. *"Mutta älkää nyt olko murheissanne älkääkä pahoitelko sitä, että olette myyneet minut tänne, sillä Jumala on minut lähettänyt teidän edellänne pitääkseen teidät hengissä"* (Genesis 45:5).

Joosef tunnusti että kaikki oli Jumalan suunnitelmaa. Hän ei vain antanut veljilleen anteeksi sydämensä pohjasta vaan myös lohdutti heitä liikuttavin sanoin., ymmärtäen heitä täydellisesti. Tämä tarkoittaa sitä että Joosef osoitti toimintaa joka liikutti jopa hänen ystäviään, ja tämä on hyveellistä laupeutta. Joosefin hyveellisen laupeuden säestämä lempeys oli sen voiman lähde jonka avulla hän pelasti paljon ihmisiä Egyptissä ja sen ulkopuolella, ja tämä on sisäisen lempeyden ulkoinen ilmaus mikä voi saavuttaa useiden ihmisten sydämen ja osoittaa suurta voimaa.

Hyveellinen laupeus edellyttää uhrausta

Sisäinen lempeys saavutetaan pyhittymisen kautta ja samalla tavalla hyveellistä laupeutta voidaan jalostaa heittämällä pois pahuus ja tulemalla pyhittyneeksi. Henkilö voi tietenkin tehdä jonkin verran hyveellisiä ja laupeita tekoja siitä huolimatta että hän ei ole pyhittynyt koulutuksensa tai avaran sydämensä aniosta. Aito hyveellinen laupeus on kuitenkin lähtöisin ainoastaan totuutta seuraavasta sydämestä joka on vapaa pahuudesta. Ei riitä että revimme pahuuden juuret irti sydämestämme jos me tahdomme jalostaa hyveellistä laupeutta. Meidän pitää tällöin heittää pois jopa kaikki pahuuden merkit (1. Tess. 5:22).

Matteus 5:48 sanoo: *"Olkaa siis te täydelliset, niinkuin teidän taivaallinen Isänne täydellinen on."* Me voimme jalostaa sellaista lempeyttä mikä sallii ihmisten lepäävän meissä kun me olemme heittäneet pois kaikenlaisen pahan sydämestämme ja me olemme tulleet puhtaiksi niin teoissamme, sanoissamme kuin käytöksessämmekin. Tästä syystä meidän ei pidä tyytyä siihen että me olemme saavuttaneet tason missä me voimme heittää pois vihan, kateuden, mustasukkaisuuden, ylpeyden ja kiivauden kaltaisia syntejä. Meidän pitää heittää pois jopa pienet ruumiin pahat teot ja tehdä totuuden tekoja Jumalan Sanan ja palavien rukousten kautta Pyhän Hengen ohjauksessa.

Mitä ovat ruumiin pahat teot. Room. 8:13 sanoo: *"...Sillä jos te lihan mukaan elätte, pitää teidän kuoleman; mutta jos te Hengellä kuoletatte ruumiin teot, niin saatte elää."*
Tässä ruumis tai keho ei viittaa ainoastaan meidän fyysiseen kehoomme. Hengellisesti keho viittaa ihmisen kehoon sen jälkeen kun totuus oli valunut hänestä pois. Täten ruumiin teot viittaavat lihaksi muuttuneen ihmiskunnan täyttäneistä epätotuuksista peräisin oleviin tekoihin. Ruumiin teot pitävät sisällään sekä synnit että myös muut epätäydelliset teot.

Minulla on itselläni erikoinen kokemus. Aina ennen kun minä kosken jotakin esinettä minusta tuntui kuin olisin saanut sähköiskun ja minä sävähdin joka kerta. Minä aloin pelätä tavaroiden koskettamista. Luonnollisesti minä aloin rukoilla Herraa huutaen aina kun minä kosketin jotakin. Minä en kuitenkaan tuntenut samalla tavalla jos minä koskin esineita varovasti. Kun minä avasin oven minä pidin kahvasta kiinni erittäin varovaisesti. Minun piti olla varovainen jopa silloin kun minä kättelin kirkon jäseniä. Tämä jatkui usean kuukauden verran kunnes kaikki minun tapani olivat varovaisia ja kevyitä. Myöhemmin minä ymmärsin että Jumala teki minun ruumiini teot täydellisiksi näiden kokemusten kautta.

Tämä saattaa vaikuttaa vähäpätöiseltä asialta mutta se miten me käyttäydymme on erittäin tärkeää. On ihmisiä jotka tavanomaisesti koskettavat toisia ihmisiä nauraessaan tai puhuessaan heidän kanssaan olevien ihmisten kanssa. Toiset taas ovat kovaäänisiä ajasta ja paikasta huolimatta ja aiheuttavat siten vaivaa muille. Tämänkaltaiset käytökset eivät ole suuria vikoja mutta ne ovat silti tärkeitä ruumiin epätäydellisiä tekoja. Hyveellistä laupeutta omaavien tulee olla hyväkäytöksisiä jokapäiväisessä elämässä sillä useat ihmiset haluavat levätä heidän seurassaan.

Muuta sydämen luonnetta

Seuraavaksi, meidän pitää jalostaa sydämen luonnetta omataksemme hyvellistä laupeutta. Sydämen luonne viittaa sydämen kokoon. Sydämen luonteen mukaisesti toiset ihmiset tekevät enemmän kuin mitä heiltä pyydestään kun taaas toiset tekevät vain mitä heiltä on pyydetty ja toiset jopa tätä vähemmän. Hyveellistä laupeutta omaava henkilö omaa sydämen luonteen joka on suuri ja avara niin että hän ei aja vain omaa etuaan vaan pitää huolta myös muista.

Fil. 2:4 sanoo: *"ja että katsotte kukin, ette vain omaanne, vaan toistenkin parasta."* Tämä sydämen luonne voi muuttua sen mukaan kuinka avaraksi me muutamme sydämemme kaikissa olosuhteissa niin että me pystymme jatkamaan jalostustamme kaikissa tilanteissa. Meidän tulee rukoilla yksityiskohtaisesti ja muuttaa meidän ahdas mielemme avarammaksi mieleksi joka ajattelee ensin muiden etuja ja tilanteita jos me esimerkiksi aina pohdimme vain omia etujamme.

Joosef oli kasvanut kuin kasvihuoneessa kasvanut kukka tai kasvi kunnes hänet myytiin Egyptiin orjaksi. Hän ei pystynyt pitämään huolta kaikista asioista tai punnitsemaan hänen veljiensä sydämiä tai tilanteita vaikka heidän isänsä ei rakastanut heitä. Erilaisten koettelemusten kautta hän kuitenkin sai sydämen jonka avulla tarkkailla ja hallita ympäristöään ja hän myös oppi ottamaan muiden sydämet huomioon.

Jumala avarsi Joosefin sydäntä valmistaakseen häntä aikaan jolloin tästä tulisi Egyptin pääministeri. Myös me voimme johtaa ja pitää huolta suurestakin organisaatiosta jos me saavutamme tämänkaltaisen sydämen luonteen lempeän ja puhtaan sydämen lisäksi. Tämä on hyve mikä kaikkien johtajien tulisi omata.

Lempeiden siunaukset

Minkälaisia siunaksia sitten annetaan ihmisille jotka ovat saavuttaneet täydellisen lempeyden poistamalla sydämestä pahuuden ja jalostamalla hyveellistä laupeutta? Matteuksen luku 5:5 sanoo: *"Autuaita ovat hiljaiset, sillä he saavat maan periä"* ja psalmi 37:11 sanoo: *"Mutta nöyrät perivät maan ja iloitsevat suuresta rauhasta."* Tämä ei kuitenkaan tarkoita sitä että he perisivät oikeaa maata, sillä tässä maa symboloi taivaallisen kuningaskunnan asuinsijoja, ja maan periminen tarkoitaa "suuresta vallasta nauttimista taivaassa."

Miksi he sitten saisivat suurta valtaa taivaassa? Lempeä henkilö vahvista muiden sieluja Isä Jumalan sydämellä ja ohjaa heitä kohti pelastusta. Se että me pystymme tulemaan suureksi henkilöksi jonka seurassa toiset voivat levätä tarkoittaa sitä että me olemme palveleet muita suuresti. Taivaallinen valta annetaan niille jotka palvelevat. Matteus 23:11 sanoo: *"Vaan joka teistä on suurin, se olkoon teidän palvelijanne."*

Tämän mukaisesti lempeä henkilö saa nauttia suuresta voimasta ja hän saa periä laajan ja suuren maan asuinsijakseen saavutettuaan taivaan. Jopa tämän maan päällä ihmiset seuraavat sellaisia ihmisiä jotka omaavat valtaa, vaurautta, kunniaa ja vaikutusvaltaa. Jos he menettävät kaiken mitä he ovat omistaneet he kuitenkin menettäisivät valtansa ja monet heitä seuranneet ihmiset hylkäisivät heidät. Lempeää ihmistä seuraava hengellinen valta eroaa kuitenkin tämän maailman vallasta. Se ei koskaan muutu tai katoa. Tämän maa päällä ollessaan hänen sielunsa kukoistaa ja hän on kaikessa menestyksekäs. Taivaassa Jumala rakastaa häntä suuresti ja lukemattomat sielut kunnioittavat häntä.

3. Rakkaus ei kadehdi

Jotkut hyvät oppilaat järjestävät ja keräävät vanhat muistiinpanonsa liittyen kysymyksiin joita he eivät saaneet oikein edellisessä kokeessa. He tutkivat miksi he eivät vastanneet kysymykseen oikein ja ymmärtävät aiheen siten paremmin kuin ennen. He sanovat tämän metodin olevan erittäin toimivan jos he haluavat nopeasti oppia jotakin minkä kanssa he ovat olleet aikaisemmin vaikeuksissa. Tämä sama pätee hengellisen rakkauden jalostamiseen. Jos me tutkimme tekojamme ja sanojamme yksityiskohtaisesti ja heitämme heikkoutemme pois yksi kerrallaan me pystymme saavuttamaan hengellisen rakkauden lyhyemmässä ajassa. Tutkikaamme seuraavaksi hengellisen rakauden seuraavaa piirrettä – "Hengellinen rakkaus ei ole kateellinen."

Kateus ilmenee kun me tunnemme kateellista katkeruutta tai kasvavaa epäonnea mikä sitten johtaa muita kohtaan tehtyihin pahoihin tekoihin. Jos me olemme kateellisia ja mustasukkaisia mieleltämme me tunneme pahoja ajatuksia kun me näemme jonkun tai kun tätä toista kehutaan tai suositaan. Me voimme olla kateellisia kun me näemme meitä viisaamman, vauraamman tai pätevämmän henkilön tai jos joku meidän kanssatyöntekijöistämme vaurastuu ja saavuttaa ihmisten keskuudessa suosiota. Joskus me voimme jopa vihata tätä henkilöö ja me haluamme huijata häntä ja vied häneltä kaiken ja kävellä hänen ylitseen.

Toisaalta me voimme myös olla lannistuneita, ja ajatella, että "Kaikki pitävät hänestä mutta entä minä? Minä en ole mitään!" Toisin sanoen, me lannistumme koska me vertaamme itseämme toisiin. Jotkut meistä saattavat kuvitella että kyseessä ei ole kateudesta kun me olemme lannistuneita. Rakkaus kuitenkin iloitsee totuudessa. Toisin sanoen, jos me omaamme aitoa rakkautta me iloitsemme toisen vaurauden tähden. Jos me lannistumme ja torumme itseämme me emme iloitse totuudessa meidän egomme tai minuutemme aktiivisuuden tähden. Meidän ylpeyteemme sattuu koska meidän minuutemme on vielä aktivinen ja niin me tunnemme olevan muita vähäisempi.

Tämä luku puhuu siitä kateudesta mikä on peräisin kateellisesta mielestä mikä sitten tulee ulos pahoina tekoina ja sanoina. Jos kateus kehittyy vakavaksi se voi vahingoittaa tai jopa tappaa ihmisiä. Kateus on pahan ja saastaisen sydämen merkki ja niin kateellisten ihmisten on vaikea pelastua (Gal. 5:19-21). Tämä johtuu siitä että kateus on selvä lihan tekojen merkki, eli synnin tekemistä. Kateus voidaan jakaa erilaisiiin tyyppeihin.

Kateus romanttisessa suhteessa

Kateus syttyy kun ihmissuhteessa oleva henkilö haluaa enemmän rakkautta ja huomiota kun mitä toinen henkilö hänelle antaa. Esimerkiksi Jaakobin kaksi vaimoa, Leea ja Raakel, olivat toisilleen kateellisia ja he molemmat halusivat Jaakobilta enemmän huomiota. Leea ja Raakel olivat sisaria ja Jaakobin sedän, Laabanin, tyttäriä.

Jaakob meni Leean kanssa naimisiin vasten omaa tahtoaan Laabanin petollisuuden tähden. Jaakob oikeasti rakasti Leean nuorempaa sisarta, Raakelia ja sai hänet vaimokseen oltuaan Laabanin palveluksessa 14 vuoden ajan. Jaakob rakasti Raakelia

Leaa enemmän alusta saakka. Leea kuitenkin synnytti neljä lasta kun taas Raakel ei pystynyt synnyttämään ainuttakaan. Tuohon aikaan oli häpeällistä jos naisella ei ollut lasta ja Raakel oli jatkuvasti Leealle kateellinen. Hän oli kateuden sokaisema ja tämä sai hänet olemaan vaikea myös Jaaobille. *"Hanki minulle lapsia, muuten minä kuolen"* (Genesis 30:1). Sekä Raakel ja Leea antoivat palvelijansa Jaakobille jalkavaimoiksi hänen rakkautensa ainoaksi kohteeksi. Jos he olisivat kantaneet sydämessään edes vähän rakkautta he olisivat iloinneet siitä että toinen heistä oli Jaakobin suosima. Kateus kuitenkin sai heidät kaikki, niin Leean, Raakelin kuin Jaakobinkin, epäonnelliseksi. Tämän lisäksi se vaikutti myös heidän lapsiinsa.

Kateus tilanteissa missä muut ovat onnekkaampia

Tämä kateuden osa on erilainen jokaiselle heidän arvojensa mukaan. Yleensä me voimme kuitenkin tulla mustasukkaiseksi jos joku toinen on vauraampi, viisaampi ja meitä pätevämpi, tai kun joku toinen saa enemmän huomiota tai rakkautta. Ei ole vaikeaa löytää tilannetta missä me olisimme kateellisia koulussa, töissä tai kotona jos kateus nousee tunteesta että joku toinen on meitä parempi. Me saatamma jopa vihata tai puhua pahaa henkilöstä joka etenee meitä enemmän tai on meitä menestyksekkäämpi. Me saatamme luulla että meidän pitää kävellä muiden ylitse voidaksemme olla menestyksekkäämpiä tai suositumpia.

On esimerkiksi ihmisiä jotka nauttivat muiden vioista ja heikkouksista puhumisesta työpaikalla saaden siten esimiehet epäilemään ja pitämään näitä muita syyttä silmällä. Nämä ihmiset tekevät näin ainoastaan siksi että haluava itse tulla ylennetyksi. Edes nuoret opiskelijat eivät ole poikkeus. On oppilaita jotka häiritsevät akateemisesti lahjakkaita oppilaita tai kiusaavat muita opettajien suosimia oppilaita. Kotona lapset haukkuvat ja tappelevat sisarustensa kanssa saadakseen suurempaa tunnustusta ja enemmän huomiota vanhemmiltaan. Toiset taas tekevät niin voidakseen periä vanhemmiltaan enemmän omaisuutta.

Tästä oli kyseessä myös Kainin, maailman ensimmäisen murhaajan, kanssa. Jumala hyväksyi ainoastaan Aabelin uhrin mikä loukkasi Kainia. Kainin kateus poltti häntä yhä enemmän kunnes hän lopulta tappoi oman veljensä, Aabelin. Kainin on täytynyt kuulla useaan otteeseen vanhemmiltaan, Aatamilta ja Eevalta, uhrieläinten verestä, ja hänen on täytynyt tuntea sääädökset erittäin hyvin. *"Niin puhdistetaan lain mukaan miltei kaikki verellä, ja ilman verenvuodatusta ei tapahdu anteeksiantamista"* (Hepr. 9:22).

Tästä huolimatta hän antoi uhriksi viljelemänsä maan satoa. Aabel puolestaan uhrasi lampaidensa esikoisia sydämellään Jumalan tahdon mukaisesti. Jotkut voivat sanoa että Aabelin oli helppo uhrata lampaita sillä hän oli paimen mutta näin ei kuitenkaan ole. Hän oppi Jumalan tahdon vanhemmiltaan ja hän halusi seurata Hänen tahtoaan. Tästä syystä Jumala hyväksyi Aabelin uhrin. Kain tuli veljestään kateelliseksi sen sijaan että olisi katunut omia tekojaan. Kun kateuden tuli oli syttynyt ei hän pystynyt sammuttamaan sitä ja lopulta hän tappoi oman veljensä. Kuinka paljon tuskaa Aatamin ja Eevan onkaan täytynyt tuntea tämän johdosta!

Uskonveljien välinen kateus

On myös uskovia jotka ovat kateellisia uskonveljille ja – sisarille jotka ovat heitä korkammalla tasolla asemansa, uskonsa tai uskollisuutensa suhteen. Tämänkaltainen ilmiö tapahtuu yleensä silloin jos tämä toinen henkilö vastaa tämän henkilön ikää, asemaa sekä uskossa olemisen pituutta, tai jos he tuntevat tämän henkilön hyvin.

Matteus 19:30 sanoo *"Mutta monet ensimmäiset tulevat viimeisiksi, ja monet viimeiset ensimmäisiksi."* Joskus kirkkoon meidän jälkeemme tulleet pääsevät meidän edellemme ja tällöin me voimme tuntea voimakasta kateutta heitä kohtaan. Tämänkaltaista kateutta ei tapahdu ainoastaan saman kirkon uskovien välillä vaan sitä saattaa esiintyä jopa pastoreiden, kirkon jäsenten, kirkkojen ja jopa eri kristillisten järjestöjen välillä. Kaikkien tulisi iloita yhdessä kun yksi henkilö kirkastaa Jumalaa mutta sen sijaan nämä tahot saattavat haukkua muita harhaoppisiksi tuottaakseen muiden ihmisten tai organisaatioiden maineen alas. Miltä vanhemmista tuntuisi jos heidän lapsensa tappelisivat ja vihaisivat toisiaan? He eivät olisi onnellisia vaikka heidän lapsensa antaisivatkin heille hyviä asioita ja hyvää ruokaa. Samalla tavalla meidän Herramme suree jos Jumalan lapset tappelevat ja riitelevät keskenään tai jos kirkkojen välillä on mustasukkaisuutta.

Saulin kateus Daavidia vastaan

Saul oli Israelin ensimmäinen kuningas. Hän haaskasi elämänsä olemalla kateellinen Daavidille. Saulille Daavid oli kuin ritari joka oli pelastanut maansa. Kun sotilaiden motivaatio oli pohjamudissa Goljatin ja muiden filistealaisten pelotellessa heitä Daavid tappoi heidän suurimman soturinsa pelkän lingon avulla. Tämä yksittäinen teko toi Israelille voiton. Tästä alkaen Daavid teki useita urhoollisia tekoja vartoidessaan maata filistealaisia vastaan. Tällöin hänen ja Saulin väliset ongelmat alkoivat. Saul kuuli väkijoukon huutavan jotakin erittäin häiritsevää kun se oli toivottamassa voitokkaana taistelukentältä palaavaa Daavidia. Väkijoukko huusi: "Saul voitti tuhat, mutta Daavid kymmenen tuhatta" (1 Samuel 18:7).

Tämä sai Saulin tuntemaan olonsa epämukavaksi ja hän ajatteli: "Kuinka he voivat verrata minua Daavidiin? Hän on pelkkä paimenpoika?"

Hänen vihansa kasvoi kun hän jatkoi tämän huudon ajattelemista. Hänen mielestään ei ollut oikein että väkijoukko ylisti Daavidia niin paljon ja tästä alkaen kaikki Daavidin teot vaikuttivat Saulista epäilyttäviltä. Saul luultavasti ajatteli että Daavid toimi tällä tavalla voittaakseen ihmisten sydämet puolelleen. Nyt Saulin vihan nuoli osoitti kohti Daavidia. Hän ajatteli: "Jos Daavid on jo voittanut ihmisten sydämet puolelleen on kapina vain ajan kysymys."

Saulin ajatusten yltyessä yhä liioittelevammiksi hän alkoi etsiä tilaisuutta Daavidin tappamiseksi. Kerran Saul kärsi pahoista hengistä ja Daavid soitti hänelle harppua. Saul otti tästä tilaisuudesta vaarin ja heitti Daavidia keihäällä. Onnekseen Daavid väisti keihästä ja pääsi pakenemaan. Saul ei kuitenkaan antanut periksi päätöksessään tappaa Daavid vaan hän ajoi Daavidia armeijoineen takaa jatkuvasti.

Kaikesta tästä huolimatta Daavid ei halunnut vahingoittaa

Saulia sillä Saul oli Jumalan valitsema ja Sauli itsekin tiesi tämän. Saulin kateuden sytyttämä paljo ei kuitenkaan viilentynyt ja hän kärsi jatkuvasti kateuden synnyttämistä ajatuksista. Saul ei pystynyt lepäämään kateudessaan Daavidia kohtaan kunnes hän lopulta kuoli taistelussa filistealaisia vastaan.

Moosekselle kateellisia olleet

4. Moos. 16 kertoo Koorasta, Daatanista ja Abiramsta. Koora oli leeviläinen kun taas Daatan ja Abiram olivat ruubenilaisia. He kantoivat kaunaa Moosesta ja hänen veljeään Aaronia kohtaan. He eivät olleet onnellisia siitä että Mooses oli ollut egyptiläinen prinssi ja että nyt hän hallitsi heitä vaikka hän oli itse pakolainen ja paimen Midianista. He myös itse halusivat johtajiksi. Niin he päättivät alkoivat luoda kontakteja saadakseen ihmiset liittymään heidän ryhmäänsä.

Koora, Daatan ja Abiram keräsivät 250 seuraajaa ja he luulivat nousevansa valtaan. He menivät Mooseksen ja Aaronin luokse riitelemään. He sanoivat: *"Jo riittää! Koko seurakunta, he kaikki, ovat pyhät, ja Herra on heidän keskellänsä. Miksi te siis korotatte itsenne Herran seurakunnan yli?"* (4. Moos. 16:3).

Mooses ei sanonut heille mitään vaikka nämä kolme miestä olivat menettäneet itsehillintänsä. Hän vain rukoili Jumalan eteen rukoilemaan ja yritti saada heidät ymmärtämään vikansa. Hän pyysi Jumalalta apua. Tuolloin Jumalan viha nousi Kooramia, Abiramia ja Daatamia sekä kaikkia heidän kanssaan olleita vastaan. Maa avautui ja Koora, Daatan, Abiram sekä heidän vaimonsa, poikansa ja pienokaisensa putosivat tuonelaan. Herra lähetti myös tulta mikä poltti 250 heidän kanssaan ollutta miestä jotka olivat uhranneet suitsuketta.

Mooses ei aheuttanut kansalleen vahinkoa (4. Moos. 16:15). Hän vain teki parhaansa johtaakseen heitä. Hän todisti että Jumala oli heidän kansaan tekemällä tai näyttämällä aina silloin tällöin ihmeitä ja merkkejä. Hän näytti heille Egyptissä kymmenen vitsausta, johdatti heidät Punaisen Meren halki kuivaa maata pitkin, antoi heille vettä kivestä ja antoi heidän syödä mannaa ja viiriäisiä erämaassa. Jopa silloinkin he pilkkasivat ja seisoivat Moosesta vastaan sanoen hänen yrittävän nostaa itseään.

Jumala antoi ihmisten tietää että oli suuri synti olla Moosekselle kateellinen. Jumalan asettaman ihmisen tuomitseminen ja arvosteleminen ei ole kuitenkaan sama kuin itse Jumalan arvosteleminen tai tuomitseminen. Meidän ei pidä kuitenkaan kritisoida Herran nimessä toimivia kirkkoja tai organisaatioita huolimattomasti sanomalla niiden olevan harhaoppisia. Me olemme kaikki veljiä ja sisaria uskossamme ja niin meidän välinen kateus on suuri synti Jumalan silmissä.

Kateus merkityksettömien asioiden tähden

Voimmeko me saavuttaa jotakin haluamaamme olemalla kateellinen? Emme tietenkään. Me voimme ehkä saada ihmisiä vaikeaan tilanteeseen ja saattaa olla että pääsemme heidän edelleen mutta itse asiassa me emme voi saada kaikkea haluamaame. Jaak 4:2 sanoo: *"Te tapatte ja kiivailette, ettekä voi saavuttaa; te riitelette ja taistelette."*

Kateuden sijaan miettikäämme mitä Job 4:8 sanoo: *"Minkä*

minä olen nähnyt, niin ne, jotka vääryyttä kyntävät ja turmiota kylvävät, ne sitä niittävätkin." Sinun tekemäsi paha tulee palaamaan luoksesi bumerangin tavoin.

Vastaukseksi kylvämästäsi pahasta sinä saatat kohdata vastoinkäymisiä perheessäsi tai työpaikallasi. Sananlaskut 14:30 sanoo: *"Sävyisä sydän on ruumiin elämä, mutta luulevaisuus on mätä luissa."* Kateus johtaa vain itseaiheutettuun harmiin ja jos sinä haluat päästä muiden edelle sinun tulee pyytää kaikkea hallitsevalta Jumalalta sen sijaan että sinä haaskaisit aikaa ja energiaa kateuden tekoihin ja ajatuksiin.

Me emme voi tietenkään koskaan saada kaikkea mitä me haluamme. Jaak 4:3 sanoo: *"Te anotte, ettekä saa, sentähden että anotte kelvottomasti, kuluttaaksenne sen himoissanne."* Sinä et voi saada jotakin mitä sinä olet pyytänyt vain jotta sinä voisit tuhlata sen iloitteluun sillä tämä ei ole Jumalan tahto. Useimmiten ihmiset kuitenkin seuraavat himojaan ja pyytävät vaurautta, mainetta ja valtaa omaksi mielihyväkseen. Tämä surettaa minua minun opetustyöni tähden. Vauraus, maine ja kunnia eivät ole oikeita siunauksia samalla tavalla kuin sielun kukoistus.

Mitä hyötyä siitä on että sinä olet saant maan päällä paljon asioita joista nauttia jos sinä et saa pelastusta? Meidän pitää muistaa että kaikki tämän maan päällinen katoaa kuin usva. 1. Joh. 2:17 sanoo: *"Ja maailma katoaa ja sen himo; mutta joka tekee Jumalan tahdon, se pysyy iankaikkisesti."* Saarnaaja 12:8 taas sanoo: *"Turhuuksien turhuus, sanoi saarnaaja; kaikki on turhuutta!"*

Minä toivon että sinä et tule kateelliseksi veljistäsi ja sisaristasi takertumalla tarkoituksettomiin maailmallisiin asioihin vaan että sinä sen sijaan omaisit Jumalan silmissä hyvän sydämen. Tällöin

Jumalan vastaa sinun sydämesi haluihin ja antaa sinulle Taivaan ikuisen kuningaskunnan.

Kateus ja hengellinen halu

Ihmiset uskovat Jumalaan mutta tulevat silti kateelliseksi jos heillä on vähän uskoa ja rakkautta. Sinä saatat alkaa kadehtia vaurautta, mainetta ja tämän maailman valtaa jos sinulla ei ole tarpeeksi rakkautta Jumalaa kohtaan ja sinä omaat vain vähän uskoa taivaalliseen kuningaskuntaan. Sinun veljet ja sisaret Kristuksessa ovat sinulle kuitenkin maallista perhettäsi tärkeämpiä jos sinä olet varma oikeuksistasi Jumalan lapsena ja taivaan kansalaisena.

Myös ei-uskovat joka eivät ole ottaneet Kristusta vastaan ovat arvokkaita meidän pitää johdattaa heitä kohti taivaallista kuningaskuntaa. Näin uskoen me tulemme rakastamaan naapureitamme kuin itseämme kun me jalostamme itsessämme olevaa aitoa rakkautta. Tällöin muiden ollessa menestyksekkäitä me olemme yhtä onnellisia kuin jos me itsekin olisimme menestyksekkäitä. Aitoa uskoa omaavat eivät jahtaa tämän maailman merkityksettömiä asioita vaan he yrittävät elää tunnollisesti Herran sanojen mukaisesti voidakseen rynnistää taivaalliseen kuningaskuntaan. Tämä tarkoittaa sitä että heillä on hengellisiä haluja.

Mutta Johannes Kastajan päivistä tähän asti hyökätään taivasten valtakuntaa vastaan, ja hyökkääjät tempaavat sen itselleen (Matteus 11:12).

Hengellinen halu eroaa täysin kateudesta. On tärkeää että me haluamme olla innokkaita ja uskollisia Herran teoille. Mutta jos intohimo menee liian pitkälle ja siirtyy totuudesta pois tai se saa muut kompuroimaan ei se ole enää hyväksyttävää. Meidän tulee pitää silmällä ympärillämme olevien ihmisten tarpeita, ajaa heidän etuaan sekä etsiä kaikkien kanssa rauhaa samalla kun me teemme palavasti Jumalan tekoja.

4. Rakkaus ei kerskaa

On ihmisiä jotka aina kerskailevat jollakin. He eivät välitä siitä miltä muista tuntuu kun he itse kerskaavat jollakin asialla. He vain haluavat esitellä mitä heillä itsellään on yrittäen samalla ansaita muiden tunnustusta. Joosef kerskasi näkemällään unella ollessaan nuori poika ja tämä sai hänen veljensä vihaamaan häntä. Hän oli isänsä erityisesti rakastama ja niin hän ei ymmärtänyt mitä hänen veljensä tunsivat. Myöhemmin hänet myytiin Egyptiin orjaksi missä hän kävi läpi useita koettelemuksia ja lopulta jalosti hengellistä rakkautta. Ennenkuin ihmiset jalostavat hengellistä rakkautta he saattavat rikkoa rauhan kehuskelemalla ja ylentämällä itseään. Tämän tähden Jumala sanoo että rakkaus ei kerskaa.

Yksinkertaisesti sanottuna, kerskaaminen on sitä että me paljastamme ja esittelemme itseämme. Yleensä ihmiset haluavat että heidät tunnustetaan jos he ovat jossakin muita parempia. Mikä tämänkaltaisen kerskaamisen merkitys sitten olisi?

Jotkut vanhemmat esimerkiksi kehuvat ja ylpeilevät sillä että heidän lapsensa opiskelevat hyvin. Tällöin muut saattavat iloita tästä heidän kanssaan mutta suurin osa heistä kuitenkin loukkaantuu tämän johdosta. He saattavat torua lastaan ilman mitään hyvää syytä. Sinä et kuitenkaan kerskaa siitä huolimatta kuinka hyvin sinun lapsesi opiskelut sujuvat jos sinussa on edes hieman hyvyyttä jonka avulla sinä mietit miltä muista tuntuu. Sinä haluat myös sinun naapurisi lasten opiskelujen sujuvan hyvin ja jos niin käy sinä kehut häntä iloisesti.

Kerskailevat ihmiset ovat myös yleensä hitaita tunnustamaan

ja kehumaan muita näiden hyvien tekojen ansiosta. Tavalla tai toisella he vähättelevät muita sillä he luulevat että mitä enemmän muita ihmisiä tunnustetaan sitä vähemmän heitä itseään huomataan. Tämä on vain yksi tapa jolla kerskaaminen aiheuttaa ongelmia. Tällä tavalla toimiminen tarkoittaa sitä että kerskaava sydän on kaukana aidosta rakkaudesta. Sinä saatat luulla että sinut tunnustetaan jos sinä kehuskelet itselläsi mutta oikeasti se vain tekee sinulle vaikeammaksi ottaa vastaan aitoa rakkautta ja kunnioitusta. Sinä vedät puoleesi kateutta ja halveksuntaa sen sijaan että sinua kadehdittaisiin *"Mutta nyt te kerskaatte ylvästelyssänne. Kaikki sellainen kerskaaminen on paha"* (Jaak. 4:16).

Elämän kerskaava ylpeys on peräisin maailman rakastamisesta

Miksi ihmiset kerskaavat itsellään? Tämä johtuu siitä että heissä on elämän kerskaavaa ylpeyttä. Tämä kerskaava ylpeys viittaa "maailman ilojen mukaan itsellään kehuskelemista." Tämä on peräisin maailman rakastamisesta. Rahaa rakastavat kerskaavat sillä kuinka paljon rahaa heillä on ja ulkoisia asioita tärkeinä pitävät kerskaavat ulkonäöllään. Tämä siis tarkoittaa sitä että he asettavat rahan, ulkoisen olemuksen, maineen ja sosiaalisen vallan Jumalan edelle.

Eräs meidän kirkkomme jäsen omisti menestyksekkään yrityksen joka möi tietokoneita korealaisille yritysryppäille. Hän halusi laajentaa yritystään. Hän sai paljon erilaisia lainoja ja sijoitti internet-kahviloihin ja internet-lähetyksiin. Hän perusti yrityksen noin kahden miljardin wonin pääomalla, mikä vastaa noin kahta miljoonaa Yhdysvaltojen dollaria.

Kauppa oli kuitenkin hidasta ja hänen tappionsa lisääntyivät kunnes lopulta hänen yrityksensä meni konkurssiin. Hänen talonsa myytiin huutokaupalla ja hän joutui pakenemaan velkojiaan. Hänen piti asua pienten talojen kellarikerroksissa tai talojen katoilla. Nyt hän alkoi katsoa menneisyyteensä ja hän ymmärsi että hän oli halunnut kerskata menestyksellään ja että hän oli ahnehtinut rahaa. Hän ymmärsi että hän oli ollut hankala ympärillään oleville ihmisille sen tähden että hän oli laajentanut yritystään enemmän kuin mihin hänellä oli kykyjä.

Tämä henkilö katui perinpohjin Jumalan edessä koko sydämellään ja heitti pois ylpeytensä. Näin tehtyään hän oli onnellinen jopa silloin kun pesi viemäreitä ja jätesäiliöitä. Jumala punnits hänen tilannettaan ja antoi hänen nähdä uuden tilaisuuden yrityksen perustamiseen. Nyt hän kulkee oikealla polulla kaiken aikaa ja hänen yrityksensä menestyy.

1 Joh. 2:15-16 sanoo: *"Älkää rakastako maailmaa älkääkä sitä, mikä maailmassa on. Jos joku maailmaa rakastaa, niin Isän rakkaus ei ole hänessä. Sillä kaikki, mikä maailmassa on, lihan himo, silmäin pyyntö ja elämän korskeus, se ei ole Isästä, vaan maailmasta."*

Hesekia, eteläisen Juudan kolmastoista kuningas, oli Jumalan silmissä oikeamielinen ja hän myös puhdisti Jumalan temppelin. Hän päihitti Assyyrian hyökkäyksen rukouksen voimalla ja sairastuessaan hän rukoili kyynelehtien voittaen itselleen 15 vuotta lisää elinaikaa. Tästä huolimatta hänessä oli vielä kerskaavaa ylpeyttä jäljellä. Parannuttuaan sairaudestaan hän otti vastaan Babylonian lähettämät diplomaatit.

Hesekia otti heidät vastaan hyvin iloisena ja hän näytti heille hänen aarrekammionsa, kaiken hänen kultansa, hopeansa ja kaikki mausteet ja kallisarvoiset öljyt, hänen asevarastonsa sekä kaikki hänen aarteensa. Hänen kerskaamisensa tähden Babylon valtasi eteläisen Juudean ja kaikki hänen aarteensa kaapattiin (Jesaja 39:1-6). Kerskaaminen on peräisin maailman rakastamisesta ja se viestittää sitä että henkilö ei rakasta Jumalaa. Tämän tähden meidän pitää heittää pois elämän kerskaava ylpeys sydämestämme.

Herrassa kerskaaminen

On kuitenkin myös hyvää kerskaamista. Tämä on Herrassa kerskaamista kuten 2. Kor. 10:17 sanoo: *"Mutta joka kerskaa, hänen kerskauksenaan olkoon Herra."* Herrassa kerskaaminen on sitä että kirkastamme Jumalaa, ja mitä enemmän me teemme sitä sen parempi. Hyvä esimerkki tästä on todistaminen.

Paavali sanoi galatalaiskirjeessä 6:14 näin: *"Mutta pois se minusta, että minä muusta kerskaisin kuin meidän Herramme Jeesuksen Kristuksen rististä, jonka kautta maailma on ristiinnaulittu minulle, ja minä maailmalle."*

Kuten sanottua, me kerskaamme Jeesuksessa Kristuksessa joka pelasti meidät ja antoi meille taivaallisen kuningaskunnan. Meidän kohtalomme oli joutua ikuiseen kuolemaan syntiemme tähden mutta kiitos syntiemme puolesta kuolleen Jeesuksen me saimme ikuisen elämän. Kuink kiitollisia meidän pitääkään olla!

Tästä syystä apostoli Paavali kerskasi heikkouksillaan. 2. Kor. 12:9 sanoo: *"Ja hän sanoi minulle: 'Minun armossani on sinulle kyllin; sillä minun voimani tulee täydelliseksi heikkoudessa.' Sentähden minä mieluimmin kerskaan heikkoudestani, että Kristuksen voima asettuisi minuun asumaan."*

Paavali teki paljon ihmeitä ja merkkejä ja ihmiset toivat jopa hänen luokseen nenäliinoja ja esiliinoja jotta hän voisi koskettaa niitä ja parantaa tällä tavalla sairaita jotka koskivat näihin hänen jälkeensä. Hän teki kolme lähetysmatkaa ja johdatti lukemattomia ihmisiä Herran luokse ja perusti kirkkoja useaan kaupunkiin. Hän kuitenkin sanoi että hän ei itse tehnyt näitä tekoja. Hän vain kerskasi sanoen että Jumalan armo ja Herran voima sallivat hänen tehdän näitä tekoja.

Nykyään monet ihmiset todistavat siitä kuinka he ovat kohdanneet ja kokeneet elävän Jumalan jokapäiväisessä elämässän. He levittävät Jumalan sanaa sanomalla että he ovat parantuneet sairauksistaan, saaneet taloudellisia siunauksia sekä rauhan perheeseensä kun he etsivät Jumalaa vilpittömästi ja tekivät rakkauden tekoja.

Sananlaskut 8:17 sanoo: *"Minä rakastan niitä, jotka minua rakastavat, ja jotka minua varhain etsivät, ne löytävät minutt."* Nämä ihmiset ovat kiitollisia siitä että he ovat saaneet kokea Jumalan rakkauden ja omata suurta uskoa mikä tarkoittaa myös hengellisten siunausten saamista. Tämänkaltainen Herrassa kerskaaminen kirkastaa Jumalaa ja istuttaa uskoa ja elämää ihmisten sydämiin. Tällä tavalla toimimalla he varastoivat palkintoja taivaaseen ja heidän sydämensä haluihin vastataan nopeammin.

Meidän pitää kuitenkin olla varovaisia yhden asian suhteen. On ihmisiä jotka sanovat että he kirkastavat Jumalaa kun he itseasiassa yrittävät vain saada muut kuulemaan siitä mitä he itse ovat tehneet. He vihjaavat epäsuorasti että he ovat saaneet siunauksia heidän omien tekojensa ansiosta. He näyttävät kirkastavan Jumalaa mutta itseasiassa he antavat kaiken kunnian itselleen. Saatana tulee syyttämään tämänkaltaisia ihmisiä. Loppujen lopuksi heidän kerskaamisensa lopputulos paljastuu ja he saattavat kohdata kaikenlaisia koettelemuksia ja vaikeuksia. Jos kukaan ei tunnusta heitä he saattavat yksinkertaisesti loitota Jumalasta.

Room. 15:2 sanoo: *"Olkoon kukin meistä lähimmäiselleen mieliksi hänen parhaaksensa, että hän rakentuisi."* Kuten sanottua, meidän pitää aina yrittää puhua meidän naapurimme opettamiseksi voidaksemme istuttaa heihin uskoa ja elämää. Samalla tavalla kuin vesi puhdistuu kun se menee suodattimen läpi myös meidän tulisi suodattaa sanamme ennen puhumista, ja ajatella tulevatko meidän sanamme auttamaan vai vahingoittamaan niiden kuulijoita.

Kerskaavan ylpeyden heittäminen pois

Kukaan ei voi elää ikuisesti siitä huolinmatta kuinka paljon kerskaamisen aiheita heillä on. Tämän elämän jälkeen kaikki menevät joko taivaaseen tai helvettiin. Taivaassa jopa tiet on tehty kullasta eikä sen rikkauksia voida edes verrata tämän maailman rikkauksiin. Tämä tarkoittaa että tämän maailman asioilla kerskaaminen on merkityksetöntä. Voimmeko me myöskään kerskata meidän vauraudellamme, maineellamme, tietoudellamme ja vallallamme jos me joudumme helvettiin?

Jeesus sanoi: *"Sillä mitä se hyödyttää ihmistä, vaikka hän voittaisi omaksensa koko maailman, mutta saisi sielullensa vahingon? Taikka mitä voi ihminen antaa sielunsa lunnaiksi? Sillä Ihmisen Poika on tuleva Isänsä kirkkaudessa enkeliensä kanssa, ja silloin hän maksaa kullekin hänen tekojensa mukaan"* (Matteus 16:26-27).

Maailmallinen kerskaus ei tule koskaan antamaan ikuista elämää tai tyydytystä. Sen sijaan se synnyttää merkityksettömiä haluja ja johdattaa meidät tuhoon. Me saamme voimaa heittää pois elämän kerskaavan ylpeyden kun me ymmärrämme tämän ja täytämme sydämemme toivolla taivaasta. Tätä voidaan verrata lapseen joka kyllästyy vanhaan leluunsa saadessaan uuden. Me tiedämme kuinka ihmeellinen taivaan kauneus on ja niin me emme takerru tämän maailman asioihin tai taistele niiden saamiseksi.

Hankkiuduttuamme eroon maailmallisesta kerskaudesta me voimme kerskata van Jeesuksella Kristuksella. Me emme usko että mikään tämän maailman asia on kerskaamisen arvoista ja sen sijaan me olemme ylpeitä siitä tavaallisesta kirkkaudesta josta me saamme nauttia taivaallisessa kuningaskunnassa. Tällöin me täytymme ilolla jota me emme ole tunteneet koskaan aikaisemmin. Me emme usko että ne vaikeudet joita me kohtaamme kulkiessamme tämän elämän halki ovat vaikeita. Me emme myöskää vaikutu niin paljon saamastamme ylistyksestä jos me emme maailmallista kerskausta emmekä me myöskään masennu jos meitä torutaan. Me vain tarkistelemme itseämme nöyrästi saadessamme ylistystä ja annamme kiitosta kun meitä torutaan yrittäen sitten muuttaa itseämme yhä enemmän.

5. Rakkaus ei pöyhkeile

Itsellään kerskaavat luulevat helposti olevansa muita parempia tullen näin ylpeiksi. Jos asiat sujuvat hyvin he kuvittelevat tämän johtuvan siitä että he ovat tehneet hyvää työtä ja tulevat sitten laiskoiksi. Raamattu sanoo että yksi Jumalan vihaamista synneistä on ylpeys. Ylpeys on myös yksi pääsyy siihen että ihmiset rakensivat Baabelin tornin kilpaillakseen Jumalan kanssa, minkä tähden Jumalan erotti ihmiset puhumaan eri kieliä.

Ylpeiden ihmisten piirteet

Ylpeä ihminen ei pidä muita ihmisiä itseään parempina ja hän halveksuu ja vähättelee muita. Tämänkaltainen henkilö pitää itseään kaikessa muita parempana. Hän luulee olevansa paras. Hän halveksuu, väheksyy ja yrittää aina opastaa muita ihmisiä. Hän vaikuttaa helposti kopealta muita häntä vähäisempiä ihmisiä kohtaan. Joskus hän ylpeydessään ei osoita huomiota häntä opastaneita ihmisiä tai hänen yläpuolellaan liike-elämän tai yhteiskunnan hierarkiassa olevia ihmisiä kohtaan. Hän ei halua kuunnella neuvoa, toruja tai ohjeita vaikka ne olisivat peräisin häntä kokeneemmilta ihmisiltä. Hän valittaa, ajatellen itsekseen "He sanoo näin vain koska hänellä ei ole mitään aavistusta siitä mistä on kyse", tai "Minä tiedän kaiken ja osaan tehdä tämän itse erittäin hyvin."

Tämänkaltainsen henkilö saa aikaan paljon riitoja ja tappeluita muiden kanssa. Sananlaskut 13:10 sanoo: *"Ylpeys tuottaa pelkkää toraa, mutta jotka ottavat neuvon varteen, niillä on viisaus."*

2. Tim. 2:23 sanoo: *"Mutta vältä tyhmiä ja taitamattomia väittelyjä, sillä tiedäthän, että ne synnyttävät riitoja."* Tämän tähden on hölmöä ja väärin luulla että sinä olet ainoa joka on oikeassa.

Jokainen meistä omaa erilaisen omatunnon ja eri määrän tietoutta. Tämä johtuu siitä että jokainen meistä on erilainen sen suhteen mitä me olemme kuulleet, kokeneet ja oppineet. Mutta suuri määrä ihmisten tietoudesta on kuitenkin väärin ja osa siitä on tallennettu väärästi. Jos tämänkaltainen tietous on kovettunut meissä pitkän ajan kuluessa se synnyttää omahurskautta ja vääriä ajatusmalleja. Omahurskaus on sitä että me pidämme kiinni siitä että vain meidän mielipiteemme ovat oikein ja kun tämänkaltainen ajattelu kovettuu se muuttuu ajatusmalliksi. Osa ihmisistä muodostaa ajatusmalleja oman persoonallisuutensa ja omaksumansa tietouden perusteella.

Tämänkaltainen ajatusmalli on kuin ihmisluuranko. Se muodostaa ihmisen muodon ja kun se on valmis sen rikkominen on erittäin vaikeaa. Suurin osa ihmisten ajatuksista on peräisin omahyväisistä ajatusmalleista. Alemmuuden tunteesta kärsivät henkilö reagoi erittäin herkästi jos toiset syyttävät häntä jostakin. Tai, kuten sanonta sanoo, jos rikas ihminen oikoo vaatteitaan ihmiset luulavat että hän kehuskelee ja esittelee vaatteitaan. Jos henkilö taas käyttää vaikeaa tai monimutkaista kieltä ihmiset luulevat että hän esittelee tietouttaan ja halveksuu heitä.

Minä opin ala-asteella että Vapaudenpatsas oli San Franciscossa. Minä muistan selvästi kuinka opettaja opetti tämän

Yhdysvaltojen kartan edessä. 90-luvun alussa minä matkustin Yhdysvaltoihin johtamaan herätyskokousta ja tuolloin minä opin että Vapaudenpatsas oli itseasiassa New Yorkissa. Minä olin aina luulin että se oli San Franciscossa ja niin minä en ymmärtänyt sen olevan New Yorkissa. Kun minä kysyin ihmisiltä he sanoivat sen olevan New Yorkissa. Minä ymmärsin tuolloin että tämä tieto johon minä olin uskonut ei ollut totta. Tuolla hetkellä minä luulin että ehkä se mihin minä uskoin oli myös väärin. Monet ihmiset uskovat ja pitävät kiinni asioista jotka eivät ole totta.

Jopa silloin kuin he ovat väärässä nämä ylpeät ihmiset eivät myönnä sitä vaan pitävät kiinni omista mielipiteistään mikä johtaa vain riitoihin. Nöyrät eivät kuitenkaan riitele vaikka toinen henkilö olisikin väärässä. He voivat olla 100 prosenttisesti varmoja siitä että he ovat oikeassa mutta silti he uskovat että on mahdollista että he ovat väärässä, sillä heillä ei ole mitään aikomusta voittaa toista osapuolta.

Nöyrä sydän pitää sisällään hengellistä rakkautta mikä ottaa muut huomioon. Muut voivat olla kovaonnisia, vähemmän koulutettuja tai omata vähemmän sosiaalista valtaa mutta tästä huolimatta nöyrän sydämen omaava henkilö pitää sydämessään muita parempina. Me pidämme kaikkia sieluja hyvin arvokkaina sillä Jeesus vuodatti verensä heidän puolestaan.

Lihallinen ylpeys ja hengellinen ylpeys

Henkilö voi helposti ymmärtää olevansa ylpeä jos hän tekee ulkoisia epätotuuden tekoja kehuskelemalla itsellään ja vähättelemällä muita. Tämänkaltaiset piirteet on helppo heittää pois jos me otamme Herran vastaan ja opimme totuuden. Ei ole kuitenkaan helppoa ymmärtää ja heittää pois hengellistä ylpeyttä. Mitä hengellinen ylpeys sitten on? Kun sinä käyt kirkossa kauan aikaa sinä säilöt paljon Jumalan Sanan tietoutta. Sinä saat ehkä ottaa vastaan kirkon sisäisiä titteleitä tai arvoja, tai tulla kenties valituksi jopa kirkon johtajaksi. Sinä saatat tällöin luulla että sinä olet jalostanut Jumalan Sanan tietoutta sydämessäsi niin paljon että sinä ajattelet että sinä olet saavuttanut paljon ja että sinun pitää siten olla oikeassa useimpien asioiden suhteen. Sinä saatat torua, tuomita ja arvostella muita säilömäsi Jumalan Sanan perusteella kuvitellen että sinä pystyt erottamaan hyvän pahasta. Jotkut kirkon johtajat ajavat omia etujaan ja rikkovat sääntöjä joita heidän pitäisi pitää. He rikkovat kirkon sääntöjä teoillaan mutta ajattelevat "Minä voin tehdä näin asemanin tähden. Minä olen poikkeus." Tämä on hengellistä ylpeyttä.

Meidän tunnustuksemme ei ole aitoa jos me tunnustamme rakastavamme Jumalaa mutta samalla emme välitä Jumaan laeista. Me emme omaa aitoa rakkautta jos me tuomitsemme ja arvostelemme muita. Totuus opettaa meitä katsomaan, kuuntelemaan ja puhumaan muiden ihmisten hyvistä asioista.

Älkää panetelko toisianne, veljet. Joka veljeään panettelee tai veljensä tuomitsee, se panettelee lakia ja tuomitsee lain; mutta jos sinä tuomitset lain, niin et ole lain noudattaja, vaan sen tuomari (Jaak. 4:11).

Miltä sinusta tuntuu kun sinä saat selville muiden ihmisten

heikkouksia?

Kirjassaan Anteeksiannon, *Rakastavan Lempeyden ja Rauhan Taito,* Jack Kornfileld kirjoittaa eri tavoista käsitellä taidottomia tekoja.

"Etelä-Afrikan Babembe-heimossa väärin tai vastuuttomasti toiminut henkilö asetetaan kylän keskelle yksin ja ilman kahleita. Kaikki työ lakkaa ja jokainen kylän mies, nainen ja lapsi kerääntyy hänen ympärilleen. Tämän jälkeen jokainen heimon jäsen puhuu syytetylle yksi kerrallaan, muistellen jokaista syytetyn elämänsä aikana tekemää hyvää tekoa. Jokainen tapahtuma, jokainen kokemus mikä muistetaan yksityiskohtaisesti toistetaan. Kaikki hänen positiiviset piirteensä, hyvät tekonsa, vahvuudet ja lempeytensä listataan huolella. Tämä heimoseremonia kestää usein monta päivää. Seremonian päätyttyä tämä rinki avautuu ja henkilö toivotetaan tervetulleeksi takaisin heimoon symbolisesti ja kirjaimellisesti."

Tämän prosessin kautta vääryyttä tehneet henkilöt saavat itsetuntonsa takaisin ja päättävät taas tehdä työtä heimon edestä. Tämän erilaisen oikeudenkäynnin tähden sanotaan että tässä yhteisössä ei satu juuri ollenkaan rikoksia.

Nähdessämme muiden virheitä meidän pitää miettiä pitäisikö meidän tuomita tai arvostella heitä ensin vai pitäisikö meidän armeliaan ja lempeän sydämen ottaa ensisija. Tällä tavalla me voimme tutkia kuinka paljon nöyryyttä ja rakkautta me olemme jalostaneet. Tutkiskelemalla itseämme jatkuvasti meidän ei pidä olla tyytyväisiä sen suhteen mitä me olemme jo saavuttaneet vain sen tähden että me olemme olleet uskovia niin kauan aikaa. Ennen kuin me tulemme pyhittyneeksi meissä on kaikissa luonteenpiirre joka sallii ylpeyden kasvun. Täten on erittäin tärkeää että me revimme ylpeyden luonteen juuret pois, sillä muuten se voi palata takaisin hetkellä minä hyvänsä jos sitä ei ole revitty kokonaan pois palavan rukouksen avulla. Ylpeys on kuin aivan kuin rikkaruohot jotka kasvavat takaisin jos niitä ei revitä kokonaan pois juurineen. Ylpeys palaa takaisin mieleemme vaikka me olemme kentíes eläneet uskon elämää kauan aikaa sen tähden että syntinen luonne ei ole poistunut meidän sydämestämme kokonaan. Täten meidän tulee aina nöyrtyä Herran edessä lasten tavoin, pitää muita meitä itseämme parempina ja yrittää jatkuvasti hengellisen rakkauden jalostamista.

Ylpeät ihmiset uskovat itseensä

Nebukadnessar aloitti suur-Babylonian kultaisen aikakauden. Eräs antiikin maailman ihmeistä, roikkuvat puutarhat, tehtiin tänä aikana. Hän oli ylpeä siitä että hänen kuningaskuntansa ja kaikki nämä teot olivat hänen valtansa ansiota. Hän teetti itsestään patsaan ja käski ihmisiä palvomaan sitä. Daniel 4:30 sanoo: *"Hän puhkesi puhumaan sanoen: 'Eikö tämä ole se suuri Baabel, jonka minä väkevällä voimallani olen rakentanut kuninkaalliseksi linnaksi, valtasuuruuteni kunniaksi!'"*

Lopulta Jumala antoi hänen ymmärtää kuka maailman oikea hallitsija on (Daniel 4:31-32). Hänet ajettiin ulos palatsista ja hän söi ruohoa kuin lehmä ja eli villin eläimen tavoin erämaassa seitsemän vuoden ajan. Mitä hänen valtaistuimensa merkitsi tuolla hetkellä? Me emme voi saada mitään ellei Jumala sitä meille salli. Nebukadnessar palasi normaaliin elämään seitsemän vuoden jälkeen. Hän ymmärsi ylpeytensä ja tunnusti Jumalan. Daniel 4:37 sanoo: Daniel 4:37 sanoo: *"Nyt minä, Nebukadnessar, kiitän, ylistän ja kunnioitan taivaan kuningasta; sillä kaikki hänen työnsä ovat totiset ja hänen tiensä oikeat. Ja hän voi nöyryyttää ne, jotka ylpeydessä vaeltavat."*

Tämä ei päde vain Nebukadnessariin. Jotkut tämän maailman ei-uskovista sanovat uskovansa itseensä. Tämä maailman voittaminen ei ole heille kuitenkaan helppoa. Maailmassa on paljon ongelmia mitä ei voida ratkoa ihmisten voimin. Jopa kaikista edistynein tiede tai teknologia on hyödytöntä taifuunien, maanjäristysten tai muiden odottamattomien katastrofien kanssa.

Kuinka monet erilaiset sairaudet eivät parannu nykylääketieteen avullakaan. Ihmiset kuitenkin usein luottavat itseensä sen Jumalan sijaan kohdatessaan erilaisia ongelmia. He luottavat ajatuksiinsa, kokemuksiinsa ja tietoihinsa. He kuitenkin sitten nurisevat Jumalaa vastaan epäuskostaan huolimatta jos he eivät menesty ja he kohtaavat ongelmia. Tämä johtuu siitä että heidän sydämessään asuu ylpeyttä. Tämän ylpeyden tähden he eivät tunnusta heikkouksiaan eivätkä he tunnusta Jumalaa nöyrästi.

Yhä säälittävämpää on kuitenkin se että monet uskovat luottavat Jumalaan ja itseensä enemmän kuin Jumalaan. Jumala haluaa lastensa kukoistavan ja luottavan Hänen apuunsa. Hän ei kuitenkaan pysty auttamaan sinua jos sinä et ylpeydessäsi halua nöyrtyä Hänen edessään. Tällöin sinua ei voida suojella paholaisviholliseslta etkä sinä voi kukoistaa. Sananlaskut 18:12 sanoo: *"Kukistumisen edellä miehen sydän ylpistyy, mutta kunnian edellä käy nöyryys."* Se mikä aiheuttaa tuhoa ja epäonnea on ylpeys.

Jumala pitää ylpeitä ihmisiä hölmöinä. Jumala on tehnyt taivaan valtaistuimen ja maailman joten kuinka pieni ihminen onkaan Häneen verrattuna? Kaikki ihmiset on luotu Jumalan kuvaksi ja me olemme samalla tavalla Jumalan lapsia riippumatta siitä kuinka matala tai korkea meidän maallinen asemamme on. Tämän maailman elämä on vain yksi hetki oli meillä sitten kuinka monta kerskaamisen arvoista asiaa tässä maailmassa tahansa. Kaikki tulevat Jumalan tuomitsemaksi tämän maailman päättyessä. Meidät myös palkitaan taivaassa sen mukaan mitä me olemme tehneet tämän maailman päällä nöyryydessä. Tämän tähden Herra sanoi jakeessa Jaak. 4:10 näin: *"Nöyrtykää Herran edessä, niin hän teidät korottaa."*

Lätäkössä istuva vesi pilaantuu ja täyttyy pian madoilla. Vapaasti virtaava vesi kuitenkin saavuttaa lopulta meren ja antaa elämän monille asioille. Samalla tavalla meidän pitää nöyrtää itsemme jotta meistä vosi tulla Jumalan silmissä suuria.

Hengellisen rakkauden piirteitä I	
	1. Rakkaus on pitkämielinen
	2. Rakkaus on lempeä
	3. Rakkaus ei kadehdi
	4. Rakkaus ei kerskaa
	5. Rakkaus ei pöyhkeile

6. Rakkaus ei käyttäydy sopimattomasti

"Tavat" ja "etiketti" ovat sosiaalisesti sopivia käyttäytymistapoja. Tämä liittyy siihen kuinka ihmiset käyttäytyvät ja miten he suhtautuvat muihin ihmisiin. Kulttuuriin liittyvät etiketit ovat moninaisia nykypäiväisessä elämässä, ja ne liittyvät keskusteluihin, syömiseen tai teatterin kaltaisissa paikoissa käyttäytymiseen.

Tavat ovat tärkeä osa elämäämme. Sosiaalisest hyväksyttävät tavat ovat sopivia jokaisessa tilaisuudessa ja paikassa ja ne yleensä luovat muissa hyvän vaikutelman. Me saatammae kuitenkin saada muut tuntemaan olonsa epämukavaksi jos me emme käyttäydy sopivasti tai jos me välitä etiketistä. Jos me sanomme jollekin että me rakastamme häntä mutta sitten käyttäydymme sopimattomasti häntä kohtaan tämän toisen henkilön on vaikea uskoa että me todellakin rakastamme häntä.

The Merriam-Webster's Online Dictionary määrittelee "sopimattoman" jonakin mikä "ei sovi yhteen henkilön aseman tai elämäntilanteen määrittelemien standardien kanssa." Myös tämä viittää useisiin kulttuuristä peräisin oleviin jokapäiväisiin etiketteihin, kuten tervehtimiseen tai keskusteluihin. Meidän yllätykseksemme monet ihmiset eivät ymmärrä käyttäytyvänsä sopimattomasti ollessaan töykeitä. On helpompi käyttäytyä sopimattomasti meidän läheisiämme kohtaan. Tämä johtuu siitä että kun me tunnemme olomme mukavaksi eräiden ihmisten kanssa meillä on tapana käyttäytyä töykeästi tai etiketin vastaisesti.

Me emme kuitenkaan koskaan käyttäydy sopimattomasti jos me omaamme aitoa rakkautta. Kuvittele, että sinä omistat arvokkaan ja kauniin jalokiven. Käsittelisitkö sinä sitä huolimattomasti? Sinä käsittelisit sitä erittäin varovasti ja huolellisesti jotta sinä et hukkaisi, vahingoittaisi tai naarmuttaisi sitä. Etkö sinä samalla tavalla kohtelisi henkilöä hellävaraisesti jos sinä todella rakastat häntä?

On kahdenlaisia tilanteita missä me käyttäydymme sopimattomasti, olessamme töykeitä Jumalaa kohtaan ja ollessamme töykeitä ihmisiä kohtaan.

Käyttäytyminen sopimattomasti Jumalaa kohtaan

Jopa Jumalaan uskovien ja Häntä rakastavansa sanovien joukossa on ihmisiä jotka ovat kaukana Jumalan rakastamisesta kun heidän tekojaan ja sanojaan tarkastellaan. Esimerkiksi palveluksen aikana torkkuminen on töykeää Jumalaa kohtaan.

Palveluksen aikana torkkuminen on sama kuin Jumalan edessä torkkuminen. Olisi töykeää torkkua valtion presidentin tai suuren yhtiön pääjohtajan edessä. Kuinka paljon sopimattomampaa olisikaan sitten Jumalan edessä torkkuminen? Kuinka sinä voisit jatkaa tunnustavasi että sinä rakastat Jumalaa tämän jälkeen? Tai kuvittele että sinä kohtaisit lemmittysi ja torkahtelisit hänen edessään. Kuinka me voimme sanoa rakastavamme tätä henkilöä jos me käyttäydymme tällä tavalla?

On myös sopimatonta keskustella vieressäsi olevan ihmisen kanssa tai haaveilla muista asioista palveluksen aikana. Tämänkaltainen käytös kertoo siitä että henkilö ei pelkää tai rakasta Jumalaa.

Tämänkaltainen käytös vaikuttaa myös saarnaajiin. Kuvittele että uskova puhuu vieressään olevan henkilön kanssa tai että hän haaveilee tai torkkuu. Tällöin tämä saarnaaja saattaa kuvitella että hänen saarnansa ei ole tarpeeksi armelias. Hän saattaa menettää Pyhän Hengen inspiraation ja ei ehkä pysty saarnaamaan Hengen koko täyteydellä. Kaikki nämä asiat tulevat lopulta aiheuttamaan ongelmia myös muille uskoville.

Sama koskee myös pyhätöstä lähtemistä kesken palveluksen. On tietenkin vapaaehtoisia joiden täytyy mennä ulos velvollisuuksiensa täyttämistä varten auttaakseen palveluksen järjestämisen kanssa. Näitä erityistapauksia lukuunottamatta on kuitenkin sopivaa liikkua vasta sen jälkeen kun palvelus on päättynyt kokonaan. On ihmisiä jotka saattavat ajatella voivansa kuunnella vain saarnan ja sitten lähtevät juuri ennen palveluksen päättymistä mutta tämä on myös sopimatonta käytöstä.

Nykyajan palvelus on verrattavissa Vanhan Testamentiin polttouhreihin. Antaessaan polttouhreja heidän piti leikata eläin osiin ja sitten polttaa nämä palat (3. Moos. 1:9).

Tämä tarkoittaa sitä että meidän uhrimme pitää olla tunnollisesti annettu ja meidän pitää ottaa osaa palvelukseen sen alusta loppuun saakka muodollisuuksien mukaisesti. Meidän pitää seurata palveluksen jokaista vaihetta koko sydämellämme alun hiljaisesta rukouksesta alusra lopun Isä meidän rukoukseen saakka. Meidän pitää antaa koko sydämemme kun me laulamme ylistystä tai rukoilemme, ja myös ilmoitusten ja almun antojen aikana. Näiden kirkon menojen lisäksi meidän pitää antaa koko sydämemme myös kaikkien rukous-, ylistys- ja muiden kokousten aikana.

Ensinnäkin tämä tarkoittaa sitä että jos me palvomme Jumalaa koko sydämellämme meidän ei pidä olla myöhässä. Ei ole sopivaa saapua tapaamiseen myöhässä joten kuinka sopimatonta onkaan saapua Jumalan eteen myöhässä? Jumala odottaa meitä aina palveluksen paikassa ottaakseen meidän palveluksemme vastaan.

Tämän tähden meidän ei pidä saapua paikalle juuri ennen palveluksen alkua. On kohteliasta saapua kirkolle aikaisin ja rukoilla ja valmistautua palveluksen alkua varten. Tämän lisäksi on sopimatonta käyttää puhelimia palveluksen aikana tai sallia lasten juosta ja leikkiä palveluksen aikana. Purukumin pureskeleminen tai ruuan syöminen palveluksen aikana on myös sopimatonta.

Myös sinun henkilökohtainen ulkomuotosi palveluksen aikana on tärkeää. Yleensä ei ole sopivaa tulla kirkkoon koti- tai työvaatteissa. Tämä johtuu siitä että pukeutuminen on tapa ilmaista kunnioitusta muita ihmisiä kohtaan. Jumalaan uskovina Jumalan lapsina me tiedämme kuinka kallisarvoinen Jumala on. Joten kun me menemme palvomaam Häntä me menemme puhtaimmassa asussa mitä meillä on.

Tähän on tietenkin myös poikkeuksia. Monet tulevat keskiviikon tai perjantain koko yön palvelukseen suoraan työstä. Kiiruhtaessaan kirkkoon he saattavat saapua paikalle työvaatteissa, ja tämänkaltaisissa tapauksissa Jumala ei osano että he olisivat töykeitä Häntä kohtaan vaan sen sijaan iloitsee siitä että Hän saa aistia heidän sydämensä tuoksun heidän yrittäessä saapua paikalle palvelukseen ajoissa kiireisistä töistä huolimatta.

Jumala haluaa olla rakastavassa suhteessa meidän kanssamme palveluksen ja rukouksen kautta. Nämä ovat Jumalan lasten velvollisuuksia. Varsinkin rukous on Jumalan kanssa keskustelemista. Joskus ihmiset voivat taputtaa rukouksessa olevaa henkilöä olkapäälle hätätapauksen tähden.

Tämä on kuitenkin sama kuin jos me keskeyttäisimme vanhempien ihmisten kanssa keskustelevan ihmisen. Rukoillessasi on myös sopimatonta jos sinä avaat silmäsi ja lakkaat rukoilemasta saman tien kun joku kutsuu sinua. Tässä tapauksessa sinun pitää ensin päättää rukous ja sitten vastata.

Jumala antaa meille vastauksia ja palkkioita kun me uhraamme palvelusta ja rukousta hengessä ja totuudessa. Tämä johtuu siitä että Hän ottaa vastaan meidän sydämemme aromin iloisesti. Me kuitenkin luomme synnin muurin itsemme ja Jumalan välille jos me keräämme sopimattomia tekoja vuoden tai kahden ajan. Jopa miehen ja vaimon tai lapsen ja vanhemman väliseen suhteeseen ilmestyy ongelmia jos tämä suhde jatkuu ilman rakkautta. Sama koskee myös suhdettamme Jumalaan. Jos me olemme rakentaneet muurin Jumalan ja itsemme välille me emme voi tulla suojelluksi onnettomuuksilta tai sairauksilta ja me saatamme kohdata erilaisia ongelmia. Me emme kenties saa vastauksia rukouksiimme vaikka me olisimmekin rukoilleet kauan aikaa. Me voimme kuitenkin ratkaista monenlaisia ongelmia jos meillä on oikea asenne rukousta ja palvontaa kohtaan.

Kirkko on Jumalan pyhä talo

Kirkko on Jumalan asuttama paikka. Psalmi 11:4 sanoo: *"Herra pyhässä temppelissänsä, Herra, jonka istuin on taivaassa."*

Vanhan testamentin aikaan kuka tahansa ei voinut mennä kirkkoon. Vain papit saivat mennä kirkon sisälle. Vain kerran vuodessa ylipappi sai astua kaikkein pyhimpään. Nykyään meidän Herramme armosta kuka tahansa voi astua pyhätöön ja palvoa Häntä. Tämä johtuu siitä että Jeesus lunasti meidän syntimme verellään, kuten Hepr. 10:19 sanoo: *"Koska meillä siis, veljet, on luja luottamus siihen, että meillä Jeesuksen veren kautta on pääsy kaikkeinpyhimpään."*

Pyhätöt eivät tarkoita vain paikkoja joissa me palvomme. Pyhättöön kuuluu kaikki kirkon alueeseen kuuluva ala, mukaanlukien sen piha ja muut tilat. Täten meidän ollessamme kirkossa meidän tulee varoa jokaista sanaa ja tekoa. Meidän ei pidä suuttua emmekä me saa riidellä tai puhua maailmallisista viihteistä tai liike-elämästä pyhätön sisällä. Sama koskee kirkon sisällä olevien esineiden varomatonta kohtelemista ja meidän pitää varoa asioiden vahingoittamista, rikkomista tai haaskamista.

Varsinkin ostaminen tai myyminen kirkossa on sopimatonta. Nykyään internetin kautta ostaminen on kehittynyttä ja niin monet ihmiset maksavat esineitä internetin kautta kirkossa ja saavat ne kirkossa ollessaan. Tämä on selvästi kaupankäymistä. Meidän pitää muistaa että Jeesus käänsi rahanvaihtajien pöydät temppelissä ja ajoi uhrieläimiä myyneet kauppiaat ulos temppelistä. Täten meidän ei pidä ostaa tai myydä mitään omaan tarpeeseemme kirkon sisällä, sillä tämä on sama kuin torin pitäminen kirkkopihalla.

Kaikkien kirkon paikkojen tarkoitus on palvoa Jumalaa ja mahdollistaa Herrassa veljiä ja sisaria olevien välinen liitto. Meidän tulee välttää kirkon pyhyydelle tottumista kun me rukoilemme ja otamme osaa kirkon kokouksiin. Jos me rakastamme kirkkoa me emme käyttäydy siinä sopimattomastai,kuten Psalmi 84:10 sanoo: *"Sillä yksi päivä sinun esikartanoissasi on parempi kuin tuhat muualla; mieluummin minä olen vartijana Jumalani huoneen kynnyksellä, kuin asun jumalattomien majoissa."*

Käyttätyminen sopimattomasti ihmisiä kohtaan

Raamattu sanoo että hän joka ei rakasta veljeään ei voi rakastaa Jumalaa. Kuinka me siis voimme kunnioittaa näkymätöntä Jumalaa jos me käyttäydymme sopimattomasti vieressämme olevia ihmisiä kohtaan?

"Jos joku sanoo: 'Minä rakastan Jumalaa', mutta vihaa veljeänsä, niin hän on valhettelija. Sillä joka ei rakasta veljeänsä, jonka hän on nähnyt, se ei voi rakastaa Jumalaa, jota hän ei ole nähnyt" (1 Joh. 4:20).

Tarkistelkaamme seuraavaksi tavallisia sopimattomia tekoja joita me teemme jokapäiväisessä elämässämme ja jotka voivat usein jäädä helposti huomaamatta. Yleensä me teemme useita töykeitä tekoja jos me ajamme omaa etuamme muita ajattelematta. Meidän pitää esimerkiksi noudattaa etikettiä kun me olemme puhelimessa. Me voimme aiheuttaa harmia tai vahinkoa jos me soitamme myöhään illalla tai pidämme kiireistä ihmistä pitkään puhelimessa. Myöhässä tapaamiseen saapuminen tai odottamattomasti toisen kotona vieraileminen ovat esimerkkejä sopimattomasta käyttäytymisestä.

Joku voi ajatella että "Me olemme niin läheisiä että eikö tämänkaltaisten asioiden miettiminen tekisi suhteestamme liian virallisen?" Sinä saatat olla niin läheinen ystäväsi kanssa että sinä ymmärrät kaiken tästä toisesta. Se ei kuitenkaan ole sama kuin sydämen ymmärtäminen 100 prosenttisesti. Me voimme luulla ilmaisevamme ystävyyttä toista henkillä kohtaan mutta hän voi ymmärtää tämän toisella tavalla. Tämän tähden meidän pitää yrittää nähdä toisen henkilön näkökulma. Meidän pitää olla erityisen varovainen sen suhteen että me emme käyttäydy sopimattomasti toista henkilöä kohtaan vain sen tähden että me olemme läheisiä.

Me voimme usein puhua varomattomasti ja täten satuttaa meitä läheisimpiä olevia ihmisiä. Me olemme töykeitä perheenjäseniä kohtaan ja tämä voi johtaa siihen että lopulta tämä suhde rikkoontuu ja muuttuu huonoksi. On myös vanhempia ihmisiä jotka kohtelevat nuorempia ihmisiä tai heitä alemmalla tasolla olevia ihmisiä sopimattomasti. He puhuvat töykeästi ja komentelevat muita saaden ihmiset tuntemaan olonsa epämukavaksi.

Nykyään on kuitenkin vaikeaa löytää ihmisiä jotka palvelisivat vanhempiaan, opettajiaan, tai vanhempiaan koko sydämellään. Jotkut sanovat että tilanteet ovat muuttuneet mutta on kuitenkin jotakin mikä ei koskaan muutu. 3. Moos. 19:32 sanoo: *"Nouse harmaapään edessä ja kunnioita vanhusta sekä pelkää Jumalaasi. Minä olen Herra."*

On Jumalan tahto että me täytämme velvollisuutemme myös ihmisten joukossa. Jumalan lasten tulisi myös pitää kiinni tämän maailman laista ja järjestyksestä. On esimerkiksi sopimatonta jos me aiheutamme häiriötä julkisella paikalla, syljemme kadulla tai rikomme liikennesääntöjä. Me olemme kristittyjä joiden tulee olla maailman suola ja kirkkaus, ja niin meidän pitää olla erittäin varovaisia sanoijemme, tekojemme ja käytöksemme suhteen.

Rakkauden Laki on kaiken mittapuu

Suurin osa ihmisistä viettää suurimman osan ajastaan muiden ihmisten kanssa toisia tavaten, heidän kanssaan jutellen ja työskennellen. Tämän mukaan meidän jokapäiväinen elämämme pitää sisällään suuren määrän erilaisia kulttuurietikettejä. Meillä on jokaisella kuitenkin erilainen tausta koulutuksemme suhteen ja kulttuurit vaihtelevat suuresti maiden ja jopa rotujen mukaan. Mikä meidän tapojemme mittapuun sitten pitäisi olla?

Tämän pitää olla meidän sydämessämme olevan rakkauden laki. Rakkauden laki viittaa Jumalan lakiin joka on itse Rakkaus. Tämä tarkoittaa sitä että mitä enemmän me painamme Jumalan Sanaa sydämeemme ja elämme sen mukaan sitä suuremmassa määrin meillä on Herran mukaista käytöstä ja emmekä me käyttäydy sopimattomasti. Toinen lain merkitys on "huomioon ottaminen."

Mies kulki pimeyden halki lamppu kädessään. Toinen mies kulki häntä kohti vastakkaisesta suunnasta ja nähtyään tämän miehen lamppunsa kanssa huomasi tämän olevan sokea. Hän kysyi miksi tämä mies kantoi lamppua vaikka ei pystynyt näkemään. Sokea mies sanoi: "Jotta sinä et törmäisi minuun. Tämä lamppu on sinua varten." Tämän tarinan pohtiminen voi kertoa meille jotakin.

Muiden huomioon ottaminen saattaa vaikuttaa pieneltä asialta mutta sillä on suuri valta liikuttaa ihmisten sydämiä. Sopimattomat teot ovat peräisin siitä että me emme ota muita huomioon mikä tarkoittaa rakkauden puutetta. Jos me todellakin rakastamme muita me otamme heidät aina kaikessa huomioon emmekä me käyttäydy sopimattomasti.

Maanviljelijät tietävät että jos he poistavat kaikki huonommat hedelmät hedelmäpuusta puuhun jääneet hyvät hedelmät käyttävät kaikki ravinteet ja niiden kuorista tulee paksuja eikä niiden maku ole hyvä. Jos me emme ota muita huomioon me pystymme ehkä nauttimaan hetken aikaa kaikesta tarjolla olevasta mutta lopusta meistä tulee paksunahkaisia ja epämiellyttäviä ihmisiä yliravittujen hedelmien tavoin.

Tämän tähden Kolossalaiskirje 3:23 sanoo: *"Olkoon mielenne siihen, mikä ylhäällä on, älköön siihen, mikä on maan päällä."* Meidän pitää palvella kaikkia kunnioittaen niinkuin me palvelemme Jumalaa.

7. Rakkaus ei etsi omaansa

Tässä modernissa maailmassa ei ole vaikeaa olla itsekäs. Ihmiset ajavat omaa etuaan yhteisen hyvän sijaan. Joissakin maissa ihmiset jopa sekoittavat vaarallista pulveria lasten maitovastikkeeseen. Toiset ihmiset taas aiheuttavat omalle maalleen vahinkoa varastamalle maalleen tärkeää teknologiaa.

Ihmiset ajattelevat usein että "ei minun takapihallani", ja tämän takia hallitusten on vaikea rakentaa yleisiä kaatopaikkojen tai krematorioiden kaltaisia tiloja. Ihmiset eivät välitä yhteisestä hyvästä tai muiden edusta vaan ainoastaan heidän omasta hyvinvoinnistaan. Me voimme löytää useita itsekkäitä tekoja myös omasta elämästämme.

Sanotaan esimerkiksi että joukko työkavereita menee yhdessä syömään. Heidän täytyy valita mitä syödä ja yksi heistä pitää kiinni siitä mitä hän haluaa. Toinen suostuu tämän ensimmäisen pyyntöön vaikka hän ei olekaan tähän täysin tyytyväinen. Kolmas henkilö kysyy aina toiselta tämän mielipidettä ja syö aina hyvällä ruokahalulla siitä huolimatta pitääkö hän toisen valitsemasta ruuasta vai ei. Kuka heistä sinä olet?

Joukko ihmisiä ottaa osaa kokoukseen valmistautuakseen jotakin tapahtumaa varten. Heidän joukossaan on useita mielipiteitä. Yksi heistä suostuttelee muita niin kauan että kaikki muut taipuvat hänen tahtoonsa. Toinen taas ei pidä kiinni mielipiteestään mutta jos hän ei pidä jonkun toisen mielipiteestä hän suostuu noudattamaan tätä vain vastentahtoisesti.

On myös ihmisiä jotka kuuntelevat toisia aina kun he kertovat oman mielipiteensä ja vaikka heidän omat mielipiteensä eivät sovikaan tämän kanssa yhteen he yrittävät silti seurata muiden mielipiteitä. Tämänkaltaiset erot johtuvat siitä että henkilöiden sydämissä olevan rakkauden määrä vaihtelee henkilöstä toiseen.

Jos kaksi eri mielipidettä johtaa riitoihin se johtuu yleensä siitä että kaksi ihmistä ajaa omaa etuaan pitäen kiinni omista mielipiteistään. Jatkuvasti omista mielipiteistään kiinni pitävä aviopari tulevat jatkuvasti riitelemään eivätkä he pysty ymmärtämään toisiaan. He voivat kuitenkin löytää rauhan jos he antavat periksi ja ymmärtävät toisiaan mutta tämä rauha rikkoontuu jatkuvasti sillä he pitävät kiinni omista mielipiteistään.

Jos me kuitenkin rakastamme toista henkilöä me välitämme hänestä itseämme enemmän. Tarkistelkaamme vanhempien rakkautta. Useimmat vanhemmat asettavat aina lapsensa itseään ennen. Äidit kuulevat mielummin että joku kehuu heidän tyttärensä kauneutta kuin että joku kehuisi heitä itseään.

Sen sijaan että he itse söisivät herkullista ruokaa he ovat onnellisia kun he näkevät lastensa syövän hyvin. Sen sijaan että he itse pukeutuvat hyviin vaatteisiin he haluavat lastensa pukeutuvat hyviin vaatteisiin. He haluavat että muut tunnustavat ja rakastavat heidän lapsiaan. Kuinka mielissään Isä Jumala olisikaan meihin jos me rakastamme lähimmäisiämme tällä tavalla!

Aabraham etsi muiden etua rakkaudessa

Muiden edun laittaminen oman etujemme edelle on uhrautuvaa rakkautta. Aabraham on hyvä esimerkki henkilöstä ajoi muiden etua oman etunsa sijaan.

Aabrahamin veljenpoika Loot seurasi häntä kun hän lähti kotikaupungistaan. Myös Loot sai paljon siunauksia Aabrahamin ansiosta ja hänellä oli niin paljon eläimiä että paikallinen vesi ei riittänyt sekä hänen että Aabrahamin eläinten ruokkimiseen. Joskus heidän paimenensa jopa riitelivät tämän takia.

Aabraham ei kuitenkaan halunnut rauhan rikkoontuvan ja niin hän antoi Lootin valita ensin minkä maan tämä halusi ja otti itse sen mitä Loot ei valinnut. Kaikista tärkein osa laidunta on sen vesi ja ruoho. Paikkassa missä he olivat ei ollut tarpeeksi ruohoa tai vettä kaikkia laumoja varten ja paremman maan antaminen pois oli melkein sama kuin oman selviytymisen edellytysten poisantaminen.

Aabraham toimi tällä tavalla sillä hän rakasti Lootia erittäin paljon. Loot ei kuitenkaan oikein ymmärtänyt Aabrahamin rakkautta ja hän vain valitsi paremman maan, eli Jordan-laakson, ja lähti. Oliko Aabraham tyytymätön nähdessään Lootin valitsevan paremman maan? Ei todellakaan! Hän oli onnellinen sen johdsta että hänen veljenpoikansa sai hyvää maata karjalleen.

Jumala näki Aabrahamin hyvän sydämen ja siunasi häntä niin että hän sai kaikkea enemmän mihin tahansa hän meni. Hänestä tuli niin rikas mies että jopa paikalliset kuninkaat kunnioittivat häntä. Tämä kertoo meille että me saamme Jumalalta siunauksia jos me etsimme ensin muiden etua oman etumme sijaan.

Suurin ilo on peräisin siitä että me annamme jotakin omaamme lähimmäisellemme. Tämä on iloa jonka voivat ymmärtää vain sellaiset ihmiset jotka ovat antaneet lähimmäiselleen jotakin erittäin kallisarvoista. Jeesus tunsi tämänkaltaista iloa. Suurin ilo mitä me voimme tuntea on lähtöisin siitä että me jalostamme täydellistä rakkautta. On vaikea antaa ihmisille joita me vihaamme mutta ei ole vaikea antaa ihmisille joita me rakastamme, joille antaminen on jotakin mikä saa meidät onnelliseksi.

Suuresta onnellisuudesta nauttiminen

Täydellinen rakkaus antaa sinun nauttia suurimmasta mahdollisesta onnellisuudesta. Voidaksemme omata täydellistä rakkautta meidän pitää ajatella muita itseämme ennem. Sen sijaan että me ajattelemme itseämme, meidän pitää ajatella naapureitamme, Jumalaa, Herraa sekä kirkkoa. Jos me teemme näin niin Jumala pitää meistä huolta. Hän antaa meille takaisin jotakin parempaa kun me ajamme muiden etua ennen omaamme. Tämän tähden Apt. t. 20:35 sanoo: *"Autuaampi on antaa kuin ottaa."*

Tässä täytyy tehdä yksi asia selväksi. Meidän ei pidä aiheuttaa itsellemme terveysongelmia tekemällä työtä Jumalan kuningaskunnan eteen fyysisiä voimiamme enemmän. Jumala ottaa meidän sydämemme vastaan jos me yritämme olla uskollisia omien voimiemme rajoissa. Meidän fyysinen kehomme tarvitsee kuitenkin lepoa. Meidän täytyy pitää kiinni sielumme kukoistuksesta rukoilemalla, paastoamalla ja opettelemalla Jumalan Sanaa, ei vain työskentelemällä kirkon puolesta.

Jotkut viettävät liikaa aika kirkossa tai muiden uskonnollisten aktiviteettien parissa mikä aiheuttaa heille tai heidän perheelleen vahinkoa. He eivät ehkä pysty suoriutumaan opinnoistaan kunnolla sen tähden että he paastoavat. Oppilaat voivat myös laiminlyödä opintonsa pyhäkoulun tähden.

Ylläolevissa esimerkeissä nämä henkilöt saattavat luulla että he eivät aja omaa etuaa sillä he tekevät paljon työtä. Näin ei kuitenkaan ole. Siitä huolimatta että he tekevät työtä Herralle he eivät ole uskollisia koko Herran talossa ja niin tämä tarkoittaa sitä että he eivät täytä velvollisuuksiaan Jumalan lapsina. Loppujen lopuksi he ajavat vain omaa etuaan.

Mitä meidän pitää sitten tehdä välttääksemme etsimästä omaa etuamme? Meidän pitää luottaa Pyhään Henkeen. Jumalan sydän, Pyhä Henki, johdattaa meidät totuuteen. Me voimme elää Jumalan kirkkaudessa vain jos me teemme kaiken Pyhän Hengen ohjauksen mukaan apostoli Paavalin sanojen mukaisesti: *"Söittepä siis tai joitte tai teittepä mitä hyvänsä, tehkää kaikki Jumalan kunniaksi"* (1. Kor. 10:31).

Voidaksemme toimia tällä tavalla meidän pitää heittää sydämessämme oleva pahuus pois. Tämä lisäksi me saamme hyvyyden viisautta jos me jalostamme sydämessämme aitoa rakkautta jonka avulla me voimme erottaa Jumalan tahdon kaikissa tilanteissa. Tällöin meidän sielumme kukoistaa ja kaikki menee meillä hyvin ja me olemme terveitä niin että me voimme olla Jumalalle täydellisen uskollisia. Tällöin myös meidän naapurimme ja perheemme rakastavat meitä.

Kun vastanaineet tulevat minun luokseni jotta minä rukoilisin heidän puolestaan minä aina rukoilen että he voisiva etsiä ensin toistensa etua. Jos he alkavat ajaa omaa etuaan he eivät tule omaamaan rauhallista perhettä.

Me pystymme ajamaan meille rakkaiden tai meitä

hyödyttävien ihmisten etua helposti. Entä sitten ihmiset jotka aiheuttavat meille harmia kaikessa ja jotka aina seuraavat vain omia polkujaan? Entä sitten ihmiset jotka vahingoittavat muita tai aiheuttavat muille harmia, tai sellaiset ihmiset jotka eivät pysty tuottamaan meille mitään hyötyä? Kuinka meidän pitää käyttäytyä sellaisia ihmisiä kohtaan jotka käyttäytyvät epätotuuden mukaisest ja puhuvat pahoja sanoja?

Tämänkaltaisissa tapauksissa on merkki siitä että me etsimme vain omaa etuamme jos me vältämme heitä tai jos me emme ole valmiita uhraamaan itseämme heidän puolestaan. Meidän pitää pystyä uhraamaan itsemme ja antamaan periksi jopa ihmisille joiden ideat eroavat meidän ideoistamme. Vasta sitten meitä voidaan pitää hengellistä rakkautta levittävinä ihmisinä.

8. Rakkaus ei katkeroidu

Rakkaus tekee ihmisten sydämistä positiivisia. Kiivaus puolestaan tekee ihmisen sydämestä negativisen. Viha satuttaa sydäntä ja saa sen mustaksi. Jos sinä suutut sinä et siis voi asua Jumalan rakkaudessa. Saatanan ja paholaisen tavallisimmat ansat Jumalan lapsille ovat viha ja kiivaus.

Kiivastuminen ei tarkoita vain sitä että me suutumme, huudamme, kiroilemme ja tulemme väkivaltaiseksi. Myös se että sinun kasvosi vääristyvät ja niiden väri muuttuu, ja se että sinun puhetyylisi muuttuu on osa kiivastumista. Tämä on osa vihan ja pahojen tunteiden näyttäytymistä vaikka se kuinka se näkyy voikin vaihdella hyvin paljon. Meidän ei kuitenkaan pidä arvostella muita ja luulla että he ovat vihaisia ainoastaan heidän ulkomuotonsa tähden. Toisen ihmisen sydämen ymmärtäminen ei ole koskaan helppoa.

Jeesus ajoi Temppelissä myyneet miehet ulos. Kauppiaat ja rahanvaihtajat olivat pystyttäneet pöytänsä Temppeliin ja he myivät pääsiäsen viettoon tulleille ihmisille uhrieläimiä. Jeesus oli lempeä. Hän ei riidellyt tai huutanut eikä Hänen huutonsa kuulunut kadulla. Tämän nähdessään Hänen asenteensa kuitenkin muuttui.

Hän teki narusta raipan ja ajoi lampaat, lehmät ja muut eläimet ulos Temppelistä. Hän käänsi rahanlainaajien ja kyyhkysten myyjien pöydät ympäri. Jeesuksen ympärillä olleet ihmiset saattoivat kenties kuvitella Hänen olleen vihainen. Jeesus ei kuitenkaan ollut vihainen vaan vanhurskaan kiivauden vallassa. Tämän kautta Hän antoi meidän ymmärtää että Jumalan

Temppelin saastuttamista ei pidä hyväksyä. Tämänkaltainen vanhurskas kiivaus on Jumalan rakkauden seurausta mikä on täydellistä Hänen oikeudenmukaisuutensa kautta.

Vanhurskaan suuttumuksen ja vihan välinen ero

Markuksen evankeliumin 3. luvussa Jeesus paransi synagogassa olleen miehen jolla oli kuivettunut käsi. Ihmiset seurasivat Jeesusta nähdäkseen aikoiko Hän parantaa miehen sapattina jotta he voisivat syyttää Häntä sapatin rikkomisesta. Jeesus kuitenkin tiesi mitä heidän sydämessään oli ja kysyi: *"Kumpiko on luvallista sapattina: hyvääkö tehdä vai pahaa, pelastaako henki vai tappaa se?"* (Mark 3:4).

Heidän aikomuksensa tulivat täten paljastetuiksi eivätkä he tienneet mitä sanoa. Jeesuksen suuttumus oli suunnattu heidän sydämiään kohtaan.

Silloin hän katsahtaen ympärilleen loi vihassa silmänsä heihin, murheellisena heidän sydämensä paatumuksesta, ja sanoi sille miehelle: 'Ojenna kätesi.' Ja hän ojensi, ja hänen kätensä tuli jälleen terveeksi (Mark 3:5).

Tuohon aikaan pahat ihmiset yrittivät tuomita ja tappaa Jeesuksen vaikka Hän teki vain hyviä tekoja. Joten joskus Jeesus käytti vahvoja ilmaisuja heidän kanssaan. Hän teki näin jotta nämä ihmiset ymmärtäisivät kääntyä pois tuhosta. Samalla tavalla Jeesuksen hurskas suuttumus oli peräisin Hänen rakkaudestaan.

Joskus tämä suuttumus herätti ihmisiä ja johdatti heidät elämään. Tällä tavalla vihastuminen ja hurskas kiivastuminen ovat kaksi eri asiaa. Vasta sitten kun henkilö on tullut pyhittyneeksi eikä enää kanna syntiä hänen kiivautensa ja torunsa antaa sieluille elämän. Ilman sydämen pyhittymistä kukaan ei kuitenkaan voi kantaa tämänkaltaisia hedelmiä.

On kuitenkin useita syitä siihen että joku suuttuu. Ensinnäkin, se johtuu ihmisten ajatuksista ja siitä että he haluaisivat olla erilaisia kuin toiset. Meillä on jokaisella erilainen perhetausta ja koulutus ja niin meidän sydämemme, ajatuksemme ja mittapuumme ovat erilaisia. Me kuitenkin yritämme saada muut mukautumaan meidän omiin ajatuksiimme ja tämän prosessin kautta me alamme tuntea pahoja tunteita.

Kuvittele, että on aviomies joka pitää suolaisesta ruoasta kun taas hänen vaimonsa ei. Hänen vaimonsa voi sanoa että "liika suola ei ole sinun terveydellesi hyväksi ja sinun pitäisi vähentää suolan käyttöä." Hän sanoo näin sen tähden että hän välittää miehensä terveydestä. Hänen ei kuitenkaan pidä inttää tästä jos hänen miehensä ei halua vähentää tätä suolankäyttöä. Molempien tulee löytää kuinka antaa periksi ja he voivat luoda onnellisen perheen kun he yrittävät yhdessä.

Toisekseen, me voimme suuttua jos toiset eivät kuuntele meitä. Me yleensä haluamme että muut tottelevat meitä jos me olemme muita vanhempia tai ylemmässä asemassa. On tietenkin oikein kunnioittaa vanhempia ja johtavassa asemassa olevia mutta ei ole kuitenkaan oikein että tämänkaltaisissa asemissa olevat pakottavat muut tottelemaan heitä.

On tapauksia missä ylemmässä asemassa oleva henkilö ei kuuntele alaisiaan vaan haluaa että häntä seurataan ehdottomasti. On myös tapauksia missä henkilö suuttuu jos hän häviää tai jos häntä kohdellaan epäreilusti. Tämän lisäksi me voimme suuttua jos meitä kaihdetaan ilman syytä tai jos jotakin ei tehdä niinkuin me olemme pyytäneet tai ohjastaneet, tai kun ihmiset loukkaavat tai kiroavat meitä.

Ennen suuttumistaan ihmiset kantavat jo sisällään pahoja tunteita. Toisten sanat ja teot stimuloivat näitä tunteita heidän sisällään. Lopulta tämä purkautuu vihaisuutena. Yleensä tämänkaltaiset tunteet ovat suuttumisen ensimmäinen askel. Me emme voi asua Jumalan rakkaudessa ja meidän hengellinen kasvumme estyy jos me suutumme.

Me emme voi muuttaa itseämme totuuden avulla niin kauan kun meissä on pahoja tunteita ja meidän pitää välttyä provosoitumiselta ja heittää pahuus pois. 1. Kor. 3:16 sanoo: *"Ettekö tiedä, että te olette Jumalan temppeli ja että Jumalan Henki asuu teissä?"*

Meidän pitää ymmärtää että Pyhä Henki ottaa meidän sydämemme temppeliksi ja että Jumala pitää meitä aina silmällä niin että me emme provosoituisi vain sen tähden että jokin ei sovi yhteen meidän ajatustemme kanssa.

Ihmisen viha ei saavuta Jumalan vanhurskautta

Elisha sai kaksinverroin henkeä hänen opettajaansa Eliaan verrattuna ja hän teki enemmän Jumalan voimallisia tekoja. Hän siunasi hedelmättömän naisen synnyttämään, herätti kuolleen henkilön henkiin, paransi spitaalisia ja voitti vihollisarmeijan. Hän lisäsi juomakelvotomaan veteen suolaan ja teki siitä juomakelpoista. Tästä huolimatta hän kuoli sairauteen mikä oli harvinaista Jumalan suurelle profeetalle. Mistä tämä saattoi johtua? Tämä tapahtui kun hän meni ylös Beeteliin. Joukko nuorukaisia tuli ulos kaupungista ja alkoi pilkkaamaan häntä sillä hänellä ei ollut paljon hiuksia eikä hänen ulkomuotonsa ollut kehuttava. *"Tule ylös, kaljupää, tule ylös, kaljupää!"* (2 Kun. 2:23).

Elishaa ei seurannut vain pari nuorukaista vaan koko joukko mikä hävetti häntä. Hän antoi heille neuvoja ja torui heitä mutta he eivät kuunnelleet häntä. He olivat niin itsepäisiä halussaan pilkata profeettaa että Elisha ei enää kestänyt tätä.

Beetel oli epäjumalanpalvonnan kotikaupunki sen jälkeen kuin Pohjois-Israel erosi maasta. Paikallisten nuorten on täytynyt omata kovettuneita sydämiä ympäristönsä ansiosta. He ovat saattaneet sulkea Elisan tien, sylkeä hänen päälleen tai jopa heittää häntä kivillä. Lopulta Elisha kirosi heidät. Kaksi naaraskarhua tuli metsästä ja raateli heistä 42 kuoliaaksi.

Nämä nuorukaiset tietenkin aiheuttivat itse oman kohtalonsa pilkkaamalla Jumalan miestä tämän kestokyvyn ylitse mutta tämä kuitenkin todistaa että Elisa kantoi sisällään pahoja tunteita. Ei ole samantekevää että hän kuoli sairauteen. Me näemme tästä että ei ole oikein että Jumalan lapset provosoituvat. *"Sillä miehen viha ei tee sitä, mikä on oikein Jumalan edessä"* (Jaak. 1:20).

Älä suutu

Mitä meidän tulee tehdä jotta me emme suuttuisi? Pitääkö meidän hillitä itseämme itsekurin avulla? Jos me painamme jousta tarpeeksi kovaa sen voima laukeaa ja se ponnahtaa ylös samalla hetkellä kun me päästämme irti. Jos me vain painamme sen alas me saatamme välttää konfliktin tuolla hetkellä mutta lopulta se kuitenkin räjähtää. Täten jos me haluamme välttää suuttumuksen meidän täytyy hankkiutua eroon itse vihan tunteesta. Meidän ei pidä vain hillitä sitä painamalla sitä alas vaan muuttaa meidän suuttumuksemme hyvyydeksi ja rakkaudeksi niin että meissä ei ole mitään mitä hillitä.

Me emme pysty tietenkään heittämään kaikkia pahoja tunteita pois yhdessä yössä ja korvaamaan niitä hyvyydellä ja rakkaudella. Meidän pitää tehdä parhaamme tämän eteen päivästä toiseen. Alussa meidän pitää jättää kaikki Jumalan käsiin ja olla kärsivällinen. Thomas Jeffersonista, Yhdysvaltojen kolmannesta presidentistä, kertova tarina kertoo että hän kirjoitti kerran näin: "Jos olet vihainen, laske kymmeneen ennenkuin puhut. Jos sinä olet erittäin vihainen, laske sataan." Korealainen sanonta sanoo "kolminkertainen kärsivällisyys estää murhan."

Kun me olemme vihaisia meidän pitää ottaa askel taaksepäin ja miettiä mitä me hyödymme siitä että me olemme suuttuneet. Tällöin me emme tee mitään mitä me katuisimme tai häpeäisimme myöhemmin. Yrittäessämme olla kärsivällisiä rukoukset ja Pyhän Hengen avulla me voimme pian heittää pois pahat ajatukset ja jopa itse pahuuden. Jos me ennen suutuimme kymmenen kertaa me ensin suutumme vain yhdeksän kertaa, sitten kahdeksan ja niin edespäin. Lopulta me voimme olla rauhassa jopa vaikeassakin tilanteessa. Kuinka onnellisia me tulemmekaan sitten olemaan! Sananlaskut 12:16 sanoo: *"Hullun suuttumus tulee kohta ilmi, mutta mielevä peittää kärsimänsä häpeän"* ja Sananlaskut 19:11 sanoo *"Ymmärrys tekee ihmisen pitkämieliseksi, ja hänen kunniansa on antaa rikos anteeksi."*

Suuttumus on hyvin vaarallinen asia. Me voimme ehkä ymmärtää kuinka vaarallista suuttuminen on. Lopullinen voitto kuuluu kuitenkin sille joka kestää kauiten. On ihmisiä jotka hillitsevät itseään kirkossa jopa sellaisissa tilanteissa jotka saattavat saada heidät vihaiseksi mutta sitten suuttuvat helposti kotona, koulussa tai työpaikalla. Jumala ei ole kuitenkaan olemassa vain koulussa.

Hän tietää kun me seisomme ja istumme sekä jokaisen sanomamme sanan ja ajattelemamme ajatuksen. Hän näkee meidät joka hetki ja Pyhä Henki asuu meidän sydämessämme. Täten meidän pitää elää niinkuin me olisimme joka heti Jumalan edessä.

Eräs tietty aviopari oli kerran keskellä riitaa kun mies huusi vaimoaan käskien tätä pitämään suunsa kiinni. Tämä vaimo järkyttyi tästä niin paljon että hän ei enää koskaan avannut suutaan puhuakseen kuolemaansa saakka. Sekä tämän aiheuttanut aviomies että hänen vaimonsa kärsivät tämän johdosta suuresti. Suuttuminen voi aiheuttaa paljn kärsimystä ja meidän tuleekin sen tähden yrittää hankkiutua eroon kaikista pahoista tunteista.

9. Rakkaus ei muistele kärsimäänsä pahaa

Tehdessäni työtäni minä olen tavannut paljon erilaisia ihmisiä. Osa ihmisistä tuntee Jumalan tunteita vain ajattelemallakin Häntä ja alkavat vuodattaa kyyneleitä, kun taas toiset ovat vaivaantuneita sydämessään siksi että he eivät tunne Jumalan rakkautta syvällä sydämessään siitä huolimatta että he uskovat Häneen ja rakastavat Häntä.

Se kuinka paljon Jumalan rakkautta me tunnemme riippuu siitä kuinka paljon syntiä ja pahuutta me heitämme pois. Me voimme tuntea Jumalan rakkauden syvällä sydämessämme sen mukaan kuinka tunnollisesti me elämme Hänen Sanansa mukaan ja heitämme pois pahuutta sydämestämme. Kun me teemme näin me voimme kasvaa uskossamme jatkuvasti. Joskus me saatamme kohdata vaikeuksia uskon marssimme aikana mutta näinä hetkinä meidän pitää muistaa Jumalan rakkaus joka odottaa meitä kaiken aikaa. Niin kauan kun me muistamme Hänen rakkautensa me emme muistele kärsimäämme vääryyttä.

Vääryyksien muistaminen

Kirjassaan "Elämän kätkettyjen riippuvuuksien parantaminen" Dr Archibald D Hart, joka on aiemmin toiminut "Fuller Theological Seminaryn" psykologia laitoksen dekaanina sanoo että yksi neljästä yhdysvaltalaisesta nuoresta on masentunut, ja että masennus, huumeeet, seksi, internet, alkoholi ja tupakan polttaminen pilaavat nuorten elämää.

Kun riippuvuudesta kärsinyt ihminen lopettaa hänen ajatteluaan, käytöstään ja tunteitaan säätelevien aineiden käyttämisen hänelle ei usein jää monia selviytymiskykyjä. Hän saattaa tämän johdosta kääntyä muihin riippuvuutta aiheuttaviin asioihin paetakseen tilannetta. Nämä asiat voivat olla seksi, rakkaus ja ihmissuhde. He eivät saa mistään kuitenkaan aitoa tyydytystä ja niin he eivät voi tuntea armoa tai iloa mikä on peräisin suhteesta Jumalaan. Täten he kärsivät vakavasta sairaudesta Dr Hartin mukaan. Riippuvuus on yritys saada tyydytystä jostakin muusta kuin Jumalan antamasta armosta ja ilosta, ja se on tulos Jumalan välittämättä jättämisestä. Riippuvuudesta kärsivä henkilö miettisi jatkuvasti kärsimäänsä vääryyttä.

Mitä kärsitty vääryys sitten on? Se viittaa kaikkeen pahaan mikä ei ole Jumalan tahdon mukaista. Pahat ajatukset voidaan jakaa yleisesti kolmeen kategoriaan.

Ensimmäinen on se että sinä haluat että jokin menisi huonosti toisen ihmisen suhteen.
Kuvittele, esimerkiksi, että sinä riitelet jonkun toisen kanssa. Tämän jälkeen sinä vihaat tätä henkilöä niin paljon että sinä toivot itseksesi että tämä henkilö kompastuisi ja kaatuisi. Sanotaan myös että sinulla ei ole hyvä suhde naapuriisi ja sitten yhtäkkiä hänelle tapahtuu jotakin pahaa. Sinä ajattelet että hän sai mitä ansaitsi tai että sinä tiesit että jotakin tapahtuisi hänelle. Joskus opiskelijat toivovat että joku toinen opiskelija ei menestysi kokeissaan hyvin.

Sinä et kuitenkaan koskaan ajattele tällä tavalla jos sinä omaat aitoa rakkautta. Haluaisitko sinä että että sinun rakkaimpasi sairastuisivat tai joutuisivat onnettomuuteen? Sinä haluat tietenkin että sinun vaimosi tai miehesi olisi aina terve ja välttäisi kaikki onnettomuudet. Me kuitenkin haluamme muiden kohtaavan pahoja asioista ja me iloitsemme muiden onnettomuudesta koska me emme omaa rakkautta sydämessämme.

Me myös haluamme että muiden heikkoudet ja viat tulevat kaikkien tietoon ja me levitämme niitä jos me emme omaa rakkautta. Kuvittele, että sinä olet kokouksessa ja joku siellä oleva sanoo jotakin pahaa toisesta henkilöstä. Sinun tulee tutkiskella sydäntäsi jos sinä olet kiinnostunut tästä keskustelusta. Haluaisitko sinä jatkaa kuuntelemista jos joku haukkuisi sinun vanhempiasi? Sinä käskisit heitä lopettamaan tällä tavalla puhumisen saman tien.

On tietenkin tilanteita ja tapauksia missä sinun täytyy olla tietoinen muiden tilanteesta voidaksemme auttaa muita. Jos kyseessä ei kuitenkaan ole tästä ja sinä olet silti halukas kuuntelemaan huonoja asioita muista ihmisistä tämä johtuu sitä että sinussa on halu haukkua ja juoruta muista. *"Joka rikkeen peittää, se rakkautta harrastaa; mutta joka asioita kaivelee, se erottaa ystävykset"* (Sananlaskut 17:9).

Hyvät ja sydämessään rakkautta kantavat ihmiset yrittävät peittää muiden viat. Jos me omaamme hengellistä rakkautta me emme myöskään ole kateellisia tai mustasukkaisia kun muilla menee hyvin. Me haluamme vain muidenkin menestyvän ja olevan muiden rakastamia. Jeesus käski meitä rakastamaan jopa vihollisiamme. Room.12:14 sanoo: *"Siunatkaa vainoojianne, siunatkaa, älkääkä kirotko."*

Pahojen ajatusten toinen osa on se että me tuomitsemme ja arvostelemme muita.

Kuvittele, esimerkiksi, että sinä näet uskovan menevän sellaiseen paikkaan minne uskovien ei pidä mennä. Mitä sinä tässä tilanteessa ajattelisit? Sinä saatat ajatella negatiivisia ajatuksia hänestä sinussa olevan pahuuden mukaisesti. Sinä saatata ajatella, että "kuinka sinä voit tehdä noin?" tai jos sinussa on hyvyyttä sinä saatat ihmetelle miksi tämä henkilö menee tähän paikkaan. Sitten sinä kuitenkin muutat ajatuksesi ja ajattelet että hänellä täytyy olla tähän jokin syy.

Jos sinulla on hengellistä rakkautta sydämessäsi sinä et kuitenkaan ajattele ollenkaan pahoja ajatuksia. Sinä saatat kuulla jotaki mikä ei ole hyvää mutta sinä et kuitenkaan tuomitse tai arvostele ketään ellet sinä ole ensin tarkistanut tosiasioita. Mitä vanhemmat useimmiten tekevät kun he kuulevat jotakin pahaa lapsestaan? He eivät sulata tätä helposti vaan väittävät että heidän lapsensa eivät tekisi näin. He luulevat että heille näin kertonut henkilö tekee jotakin pahaa. Samalla tavalla, jos sinä todella rakastat toista henkilö sinä yrität aina ajatella hänestä parasta mahdollista.

Nykyään me kuitenkin näemme kuinka helposti ihmiset ajattelevat pahinta toisistaan ja puhuvat tämän mukaisesti. Tämä ei tapahdu vain yksittäisellä tasolla vaan ihmiset myös kritisoivat julkisessa asemassa olevia ihmisiä.

He eivät edes yritä ottaa selville mitä oikeasti on tapahtunut vaan levittävät vain perättömiä huhuja. Ihmiset tekevät jopa itsemurhia internetin kautta tulvivien agressiivisten viestien tähden. He vain tuomitsevat ja arvostelevat toisia omien standardiensa mukaan. Tämä ei ole Jumalan Sanan mukaista. Mutta mitä Jumalan hyvä tahto sitten on?

Jaak. 4:12 varoittaa meitä näin: *"Yksi on lainsäätäjä ja tuomari, hän, joka voi pelastaa ja hukuttaa; mutta kuka olet sinä, joka tuomitset lähimmäisesi?"*

Vain Jumalan voi tuomita. Tämä tarkoittaa sitä että Jumala sanoo meille että meidän lähimmäistemme tuomitseminen on pahaa. Tässä tilanteessa hengellistä rakkautta omaavalle henkilölle ei ole tärkeää onko toinen henkilö toiminut oikein vai ei. Hän vain miettii mikä auttaisi tätä toista henkilö eniten. Hän haluaa vain että tämän toisen henkilön sielu kukoistaisi ja että hän olisi Jumalan rakastama.

Täydellinen rakkaus ei vain peitä toisen vikoja vaan myös auttaa toista henkilöä katumaan. Meidän tulisi pystyä opettamaan toiselle totuutta ja koskettaa toisen henkilön sydäntä nin että hän voi löytää oikean polun ja muuttaa itsensä. Jos me omaamme täydellistä hengellistä rakkautta meidän ei tarvitse yrittää katsoa toista henkilöä hyvyydellä, sillä tällöine me rakastamme luonnollisesti kaikkia ihmisiä heidän vioistaan huolimatta. Tällöin me vain luotamme ja autamme kohtaamiamme ihmisiä. Jos me emme omaa tuomitsemisen tai arvostelemisen ajatuksia me olemme onnellisia kaikkein kohtaamiemme ihmisten kanssa.

Kolmas osa on kaikki ajatukset mitkä eivät sovi yhteen Jumalan tahdon kanssa.

Toisiin ihmisiin liittyvien pahojen ajatusten omaamisen lisäksi kaikki sellaiset ajatukset ovat pahoja jotka eivät sovi yhteen Jumalan tahdon kanssa. Tässä maailmassa me sanomme että sellaiset ihmiset ovat hyviä jotka elävät moraalisesti ja omantuntonsa mukaisesti.

Mutta moraalisuus tai omatunto eivät voi olla hyvyyden

mittapuita sillä molemmat näistä asioista pitävät sisällään asioita jotka eivät ole Jumalan Sanan mukaisia. Vain Jumalan Sana voi olla hyvyyden absoluuttinen mittapuu.

Herran hyväksyneet tunnustavat olevansa syntisiä. Ihmiset saattavat olla ylpeitä siitä että he ovat eläneet hyvän tai moraalisen elämän mutta tästä huolimatta he ovat silti pahoja ja Jumalan Sanan mukaisesti syntisiä. Tämä johtuu siitä että kaikki mikä ei ole Jumalan Sanan mukaista on pahaa ja syntiä, ja Jumalan Sana on hyvyyden absoluuttinen standardi (1. Joh. 3:4).

Mikä on sitten synnin ja pahuuden välinen ero? Yleisesti ottaen synti ja pahuus ovat molemmat epätotuutta mikä on Jumalan Sanan totuuden vastaista. Ne ovat pahuutta mikä on Jumalan, itse Kirkkauden, vastakohta.

Mutta jos me tarkastelemme näitä yksityiskohtaisesti me näemme että nämä ovat sangen erilaisia toisistaan. Jos me vertaamme näitä kahtaa puuhun, niin 'pahuus' on kuin puun juuri joka on näkymättömissä maan alla kun taas 'synti' on kuin puun oksat, lehdet ja hedelmät.

Ilman juuria puussa ei voi olla oksia, lehtiä tai hedelmiä. Samalla tavalla synti tulee esiin pahuuden tähden. Pahuus on henkilön sydämessä oleva piirre. Se on hyvyyttä, rakkautta ja Jumalan totuutta vastaan oleva piirre. Kun tämä pahuus tulee siin tietyssä muodossa tätä kutsutaan synniksi.

Jeesus sanoi: *"Hyvä ihminen tuo sydämensä hyvän runsaudesta esiin hyvää, ja paha tuo pahastansa esiin pahaa; sillä sydämen kyllyydestä suu"* (Luuk. 6:45).

Kuvittele että henkilö sanoo jotakin mikä satuttaa toista

henkilöä josta hän ei pidä. Tällön hänen sydämessään oleva pahuus tulee esiin 'vihana' ja 'pahoina sanoina' jotka ovat yksittäisiä syntejä. Synti määritellään Jumalan Sanan käskyn mukaisesti. Ilman lakia kukaan ei voisi rangaista ketää sillä tällöin ei olisi olemassa tuomioita tai mittapuita. Samalla tavalla synti tulee ilmi sen tähden että se on Jumalan Sanan vastaista. Synnit voidaan jakaa lihallisiin asioihin ja lihallisiin tekoihin. Lihalliset asiat ovat sydämessä tehtyjä asioita ja ajatuksia, kuten kateutta, vihaa, mustasukkaisuutta, sekä haureita ajatuksia, kun taas lihalliset teot ovat aktiivisia tekoja, kuten riitelemistä, kärsivällisyyden menettämistä ta jopa murhaamista.

Nämä synnit erotellaan lähes samalla tavalla kuin miten tämän maailman rikokset jaetaan eri luokkiin. Rikoksia voidaan tehdä esimerkiksi eri osapuolia vastaan, kuten esimerkiksi valtiota, kansakuntaa tai tiettyä ihmistä.

Mutta ei ole kuitenkaan varmaa että henkilö tekee syntiä siitä huolimatta että hänellä on sydämessään pahuutta. Jumalan Sanaa kuunteleva ja itsekuria harjoittava henkilö voi välttää synnin tekemistä siitä huolimatta että hänellä on pahuutta sydämessään. Tässä vaiheessa hän saattaa olla tyytyväinen sen johdosta että hän kuvittelee saavuttaneensa pyhittymisen sen tähden että hän ei tee selvästi syntiä.

Voidaksemme kuitenkin tulla täydellisen pyhittyneeksi meidän pitää hankkiutua eroon luonteessamme olevasta pahuudesta mikä sijaitsee syvällä sydämessämme. Meidän vanhemmiltamme periytynyt pahuus löytyy meidän luonteestamme. Tämä ei tule esiin tavallisissa tilanteissa mutta nousee ajoittain esiin.

Korealainen sananlasku sanoo että "kaikki kiipeävät naapurin aidan yli jos he ovat nähneet nälkää kolmen päivän ajan." Tämä tarkoittaa sitä että "välttämätön tarve ei tunnusta lakia." Meissä piilossa ollut pahuus tulee esiin äärimmäisissä tilanteissa niin kauan kun me emme ole pyhittyneitä.

Kärpäsen uloste on silti ulostetta siitä huolimatta että se on hyvin pienikokoista. Samalla tavalla kaikki ajatukset jotka eivät sovi yhteen täydellisen Jumalan tahdon kanssa ovat pahuuden muotoja siitä huolimatta että ne eivät olekaan syntiä. Tämän tähden 1. Tess. 5:22 kehottaa meitä pidättäytymään kaikesta pahasta.

Jumalan on rakkaus. Jumalan käskyt voidaan tiivistää 'rakkauteen.' On siis pahaa ja laittomuutta olla rakastamatta. Voidaksemme siis tarkistaa muistammeko me kärsimäämme vääryyttä meidän pitää miettiä kuinka paljon rakkautta meissä on. Mitä enemmän Jumalaa ja muita sieluja me rakastamme, sitä vähemmän me muistelemme kärsimiämme vääryyksiä.

Ja tämä on hänen käskynsä, että meidän tulee uskoa hänen Poikansa Jeesuksen Kristuksen nimeen ja rakastaa toinen toistamme, niinkuin hän on meille käskyn antanut (1. Joh. 3:23).

Rakkaus ei tee lähimmäiselle mitään pahaa. Sentähden on rakkaus lain täyttämys (Room. 13:10).

Ei muistele kärsimäänsä pahaa

Jotta me emme muistelisi kärsimäämme pahaa meidän pitää

ennen kaikkea välttää pahojen asioiden näkemistä tai kuulemista. Meidän ei pidä myöskään muistella tai ajatella näkemiämme asioita jos me satumme kuitenkin näkemään tai kuulemaan jotakin tämänkaltaista. Meidän ei pidä yrittää muistaa näkemäämme. Me emme tietenkään voi aina hallita ajatuksiamme ja jokin ajatus voi nousta pintaan vaikka me yritämmekin olla ajattelematta sitä. Mutta kun me jatkamme yritystä olla ilman pahoja ajatuksia ja rukoilemme tämän mukaisesti Pyh Henki auttaa meitä.

Meidän ei pidä koskaan tahallisesti nähdä, kuulla tai ajatella pahoja ajatuksia ja meidän pitää heittää pois myös pinnalle hetkellisesti nousevat ajatukset. *"Jos joku tulee teidän luoksenne eikä tuo mukanaan tätä oppia, niin älkää ottako häntä huoneeseenne älkääkä sanoko häntä"* (2. Joh. 1:10-11). Jumala neuvoo meitä välttämään pahaa olemaan hyväksymättä sitä.

Ihmiset perivät syntisen luonteen vanhemmiltaan. Eläessämme tässä maailmassa me kohtaamme paljon epätotuuksia. Näiden epätotuuksien ja syntisen luonteen perusteella ihmiset kehittävät oman luonteensa, tai itseytensä. On kristillistä elämää heittää pois nämä syntiset luonteet ja epätotuudet siitä alkaen kun me otamme Herran vastaan. Epätotuuksien ja syntisen luonteen heittäminen pois vaatii kuitenkin paljon vaivaa ja kärsivällisyyttä. Tästä maailmasta johtuen me tunnemme epätotuuden totuutta paremmin. On helpompaa hyväksyä epätotuus kuin heittää se pois. Samalla tavalla on helppoa tahrata valkea vaate musteela mutta tahran poistaminen ja vaatteen valkaiseminen on paljon vaikeampaa.

Samalla tavalla paha voi kehittyä erittäin suureksi pienessä hetkessä vaikka se aluksi vaikuttaisikin erittäin pieneltä.

Galatalaiskirje 5:9 sanoo *"Vähäinen hapatus hapattaa koko taikinan.,"* Pieni määrä pahuutta voi siis levitä laajalle hyvin nopeasti. Tämän tähden meidän pitää välttää varovaisesti jopa pieniäkin pahuuksia. Meidän pitää vihata syntiä ilman epäröintiä voidaksemme välttää sen ajattelemista. Jumala sanoo: *"Te, jotka Herraa rakastatte, vihatkaa pahaa"* (Psalmi 97:10) ja opettaa näin: *"Herran pelko on pahan vihaamista"* (Sananlaskut 8:13).

Jos sinä rakastat toista henkilöä intohimoisesti sinä pidät siitä mistä tämä toinen henkilö pitää etkä sinä pidä siitä mistä tämä toinen henkilö ei pidä. Sinä et tarvitse tähän mitään syytä. Jumalan lapsina me olemme ottaneet vastaan Pyhän Hengen ja niin Pyhä Henki huokaa meissä kun me teemme syntiä. Me tunnemme siis sydämessämme syyllisyyttä. Tällöin me ymmärrämme että Jumala vihaa meidän tekemiämme asioita ja me yritämme olla tekemättä niitä uudelleen. On tärkeää yrittää heittää pois jopa synnin pienet muodot ja olla hyväksymästä enempää pahuutta.

Levitä Jumalan Sanaa ja rukousta

Pahuus on hyödytön asia. Sananlasku 22:8 sanoo: *"Joka vääryyttä kylvää, se turmiota niittää, ja hänen vihansa vitsa häviää."* Me tai meidän perheemme voi kohdata sairauksia ja me voimme kenties kohdata onnettomuuksia. Me voimme kenties elää surussa köyhyyden tai perheongelmien tähden. Kaikki nämä ongelmat ovat lähtöisin pahuudesta.

Älkää eksykö, Jumala ei salli itseänsä pilkata; sillä

mitä ihminen kylvää, sitä hän myös niittää (Gal. 6:7).

Nämä ongelmat eivät tietenkään ilmaannu pakosti heti silmiemme edessä. Tässä tapauksessa kun pahuutta kasataan pahuuden päälle tämä voi aiheuttaa ongelmia jotka vaikuttavat vielä meidän lapsiimmekin. Maailmalliset ihmiset eivät ymmärrä tätä sääntöä ja niin he tekevät paljon pahoja asioita eri tavoilla.

He esimerkiksi pitävät normaalina heitä kohtaan vääryyttä tehnyttä vastaan kostamista. Sananlaskut 20:22 kuitenkin sanoo: *"Älä sano: 'Minä kostan pahan'; odota Herraa, hän auttaa sinua."*

Jumala hallitsee ihmiskunnan elämää, kuolemaa, onnea ja epäonnea oikeudenmukaisuutensa mukaisesti. Täten me saamme varmasti korjata hyvyyden hedelmiä jos me teemme hyvää Jumalan Sanan mukaisesti. Exodus 20:6 lupaa näin: *"...mutta teen laupeuden tuhansille, jotka minua rakastavat ja pitävät minun käskyni."*

Välttääksemme pahuutta meidän pitää vihata sitä. Tämän lisäksi meidän täytyy omata runsaasti kahta asiaa. Nämä kaksi asiaa ovat Jumalan Sana sekä rukous. Tutkiskellessamme Jumalan Sanaa päivin ja öin me voimme ajaa pahat ajatukset pois ja omata hengellisiä ja hyviä ajatuksia. Me voimme tällöin ymmärtää mitä on todellisen rakkauden teot.

Me myös pohdimme Jumalan Sanaa syvemmin niin että me voimme ymmärtää sanoissamme ja teoissamme olevan pahuuden kun me rukoilemme. Kun me rukoilemme palavasti Pyhän Hengen avulla me voimme hallita sydämessämme olevaa pahuutta ja heittää sen pois. Heittäkäämme nopeasti pahuus nopeasti pois Jumalan Sanan ja rukouksen avulla niin että me voimme elää onnellisuuden täyttämää elämää.

10. Rakkaus ei iloitse vääryydestä

Mitä kehittyneempi yhteiskunta on sitä paremmat mahdollisuudet rehellisillä ihmisillä on menestyä. Vähemmän kehittyneent maat puolestaan ovat yleensä korruptoitunteita ja näissä maissa rahalla saa melkein mitä tahansa. Korruptiota on kutsuttu valtioiden taudiksi sllä se liittyy maan vaurauteen. Korruptio ja epähurskaus vaikuttavat myös yksittäisten ihmisten elämään suuresti. Itsekkäät ihmiset eivät voi olla koskaan täysin tyytyväisiä sillä he ajattelevat vain itseään eivätkä he pysty rakastamaan muita.

Se että henki ei iloitse vääryydestä eikä muista kärsimäänsä pahuutta ovat sangen samanlaisia asioita. Se että me emme muista kärsimäämme vääryyttä tarkoittaa sitä että me emme kanna sydämessämme mitään pahaa. Se että me emme iloitse vääryydestä taas tarkoittaa sitä ette me emme iloitse häpeällisestä käytöksestä tai teoista tai ota niihin osaa.

Kuvittele, että sinä olet kateellinen varakkaalle ystävällesi. Sinä et myöskään pidä hänestä sen tähden että hän aina kehuskelee vauraudellaan. Sinä saatat myös ajatella tähän tapaan. "Hän on rikas mutta entä minä? Minä toivon että hän menisi konkurssiin." Tämänkaltaiset ajatukset ovat pahoja. Eräänä päivänä joku kuitenkin huijaa tätä sinun ystävääsi ja hänen yhtiänsä menee konkurssiin yhdessä päivässä. Jos sinä nautit tästä ja ajattelet "Hän kerskaili vauraudellaan joten siitäs sai!" sinä nautit vääryydestä. Jos sinä otat osaa tämänkaltaisiin asioihin sinä iloitset aktiivisesti epähurskaudesta.

On olemassa yleistä epähurskautta minkä jopa ei-uskovat tunnustavat olevan epähurskautta. On esimerkiksi ihmisiä jotka keräävät vaurautta epärehellisesti huijaamalla tai uhkailemalla muita. Henkilö voi rikkoa maan lakeja tai säädöksiä ja ottaa tästä hyvästä vastaan jotakin itselleen. Jos viatonta henkilöä rankaistaan sen johdosta että tuomari antaa väärän tuomion lahjusten tähden tämä epähurskaus on selvästi kaikkien näkyvillä. Tämä on tuomarin vallan väärinkäyttöä.

Kun joku myy jotakin hän saattaa huijata myymänsä tuotteen tilavuuden tai laadun suhteen. Hän saattaa käyttää halpoja ja ala-arvoisia materiaaleja kasvattaakseen voittoaan. Hän ei ajattele ketään tai mitään muuta kuin omia voittojaan. Tämänkaltaiset ihmiset tietävät mikä on oikein mutta he eivät epäröi huijata muita sillä he iloitsevat epähurskaasta rahasta. On paljon ihmisiä jotka huijaavat tällä tavalla epähurskaiden voittojen toivossa. Mutta entä sitten me? Voimmeko me sanoa olevamme puhtaita?

Kuvittele että jotakin seuraavaa tapahtuu. Sinä saat tietää että eräs läheisistä ystävistäsi ansaitsee paljon rahaa laittomasti jollakin tavalla. Häntä odottaa ankara rangaistus jos hän jää kiinni minkä johdosta tämä ystävä antaa sinulle suuren summan rahaa jotta sinä olisit hiljaa ja katsoisit muualle. Hän sanoo että hän antaa sinulle myöhemmin yhä suuremman summan rahaa. Samaan aikaan sinun perhettäsi kohtaa hätä ja sinä tarvitset suuren summan rahaa. Mitä sinä tekisit?

Kuvitellaan toinen tilanne. Eräänä päivänä sinä tarkistat pankkitilisi ja sinä huomaat että sinulla on enemmän rahaa kuin mitä sinä uskot että sinulla pitäisi olla. Sinä saat selville että valtio ei ole ottanut sinulta veroa. Kuinka sinä reagoisit tähän? Olisitko sinä iloinen ajatellen että tämä ei ole sinun syytäsi tai sinun vastuullasi?

2. Aikakirja 19:7 sanoo: *"Hallitkoon siis teitä Herran pelko. Ottakaa vaari siitä, mitä teette, sillä Herrassa, meidän Jumalassamme, ei ole vääryyttä eikä puolueellisuutta, eikä hän ota lahjuksia."* Jumala on hurkas ei Hänessä ole lainkaan epähurskautta. Me voimme olla piilossa maailman ihmisiltä mutta me emme voi huijata Jumalaa. Tämän tähden meidän täytyy kulkea oikeaa polkua rehellisesti vaikka vain Jumalan pelossa.

Esimerkiksi Aabraham pelasti veljenpoikansa lisäksi kaikki muutkin vangiksi jääneet ihmiset ja heidän omaisuutensa kun hänen veljenpoikansa jäi sotavankiksi Sodomassa. Sodoman kuningas halusi osoittaa kiitollisuutensa antamalla Aabrahamille osan niistä tavaroista jotka hän oli tuonut mukanaan mutta Aabraham ei kuitenkaan ottanut mitään vastaan.

> *Mutta Abram sanoi Sodoman kuninkaalle: "Minä nostan käteni Herran, Jumalan, Korkeimman, taivaan ja maan luojan, puoleen ja vannon En totisesti ota, en langan päätä, en kengän paulaa enkä mitään muuta, mikä on sinun, ettet sanoisi: 'Minä olen tehnyt Abramin rikkaaksi'"* (Genesis 14:22-23).

Kun Aabrahamin vaimo Saara kuoli eräs maanomistaja tarjosi hänelle maata hautapaikaksi mutta Aabraham ei kuitenkaan ottanut tätä lahjaa vastaan. Hän teki näin jotta tulevaisuudessa ei olisi mitään kiistaa maan omistajuudesta. Aabraham toimi tällä tavalla sen tähden että hän oli rehellinen mies. Hän ei halunnut saada mitään mitä hän ei ollut ansainnut eikä hän halunnut saada voitta epähurskaalla tavalla. Jos hän olisi halunnut rahaa hän olisi voinut vain valita kaikkein tuottavimman tien. Jumalaa rakastavat ja Hänen rakastamat eivät koskaan satuta ketään tai aja omaa etuaan maansa lakeja rikkomalla. He eivät ota vastaan enempää kuin mitä he ovat ansainneet rehellisellä työllään. Vääryydessä iloitsevat eivät rakasta Jumalaa tai lähimmäisiään.

Vääryys Jumalan silmissä

Vääryys Jumalan silmissä on hyvin samankaltaista kuin vääryys yleensä. Tämä ei vain riko lakia ja vahingoita muita vaan jokainen synti on Jumalan Sanan vastaista. Kun sydämessä oleva pahuus ottaa tietyn muodon kyseessä on synnistä, mikä on epähurskasta ja väärää. Epähurskaus viittaa erityisesti lihan tekoihin.

Viha, kateus, mustasukkaisuus ja muut sydämen pahuudet tulevat esiin riitelynä, väkivaltana, huijauksina ja jopa murhina. Raamattu sanoo että meidän on vaikea tulla pelastetuksi jos me teemme epähurskaita tekoja.

1. Kor. 6:9-10 sanoo: *"Vai etteko tiedä, etteivät väärät saa periä Jumalan valtakuntaa? Älkää eksykö. Eivät huorintekijät, ei epäjumalanpalvelijat, ei avionrikkojat, ei hekumoitsijat eikä miehimykset, eivät varkaat, ei ahneet, ei juomarit, ei pilkkaajat eivätkä anastajat saa periä Jumalan valtakuntaa."*

Aakan rakasti epähurskautta mikä lopulta myös johti hänen tuhoonsa. Hän kuului Exoduksen toiseen sukupolveen ja hän oli nähnyt ja kuullut lapsuudestaan saakka mitä Jumala oli hänen kansansa puolesta tehnyt. Hän näki heitä päivisin ohjanneen pilvipylvään ja öisin ohjanneen tulisen pylvää. Hän näki kuinka Jordan-joen virta pysähtyi ja kuinka Jerikon muuret murtuivat yhdessä hetkessä. Hän oli myös tietonen siitä kuinka Joosua oli käskenyt että kukaan ei saanut ottaa yhtään mitään Jerikon kaupungista sillä koko kaupunki oli jäävä uhriksi Jumalalle.

Aakan kuitenkin sekosi ahneudesta nähdessään mitä Jerikossa oli. Hän oli elänyt kuivaa elämää aavikon erämaassa ja tämän jälkeen kaupungin rikkaudet näyttvät hänelle erittäin kauniilta. Hän unohti Jumalan Sanan ja Joosuan käskyt nähdessään kauniin takin ja kullan ja hopean palasia ja kätki ne itselleen.

Tämän Aakanin synnin tähden Israel kärsi suuria tappioita seuraavan taistelun aikana sillä hän oli rikkonut Jumalan käskyä. Näiden tappioiden kautta Aakanin epähurskaus tuli kaikkien tietoisuuteen ja hänet ja hänen perheensä kivitettiin kuoliaaksi. Nämä kivet muodostivat suuren kasan ja tätä paikkaa kutsutaan Aakorin laaksoksi.

Tarkistelkaamme myös 4. Mooseksen kirjan lukuja 22-24. Bileam oli mies joka sai puhua Jumalan kanssa. Eräänä päivänä Mooabin kuningas, Baalak, pyysi häntä kiroamaan Israelin kansan. Jumala sanoi Bileamille näin: *"Älä mene heidän kanssaan äläkä kiroa sitä kansaa, sillä se on siunattu"* (4. Moos. 22:12).

Kuultuaan kuinka Jumala puhui hänelle Balaam kieltäytyi tottelemasa Mooabin kuningasta. Kuningas kuitenkin lähetti hänelle kultaa, hopeaa ja muita aarteita mitkä saivat hänet muuttamaan mielensä. Lopulta nämä aarteet sokaisivat Balaamin ja hän näytti kuninkaalle kuinka asettaa ansa Israelin kansalle.

Israelin kansa söi epäjumalille uhrattua ruokaa ja tekivät haureutta aiheuttaen itselleen siten suuriva koettelemuksia. Lopulta Balaam kuoli miekkaan. Tämä oli epähurskauden palkka.

Epähurskaus liitttyy Jumalan silmissä suoraan pelastukseen. Mitä meidän pitää siis tehdä jos me näemme että meidän uskon veljet tai sisaret tekevät syntiä maailmallisten ihmisten tavoin? Tietenkin meidän pitää surra ja rukoilla heidän puolestaan ja auttaa heitä elämään Sanan mukaisesti. On kuitenkin uskovia jotka olisivat näille ihmisille kateellisia, ajatellen että myös he itse haluaisivat elää helpompaa kristillistä elämää näiden ihmisten tavoin. Me emme kuitenkaan voi sanoa että me rakastamme Herraa jos me otamme tämänkaltaiseen elämään osaa.

Jeesus oli viaton mutta Hän silti kuoli meidän syntisten puolesta johdattaakseen meidät Jumalan luokse (1. Piet. 3:18). Ymmärtäen tämän Herran suuren rakkauden meidän ei pidä koskaan iloita vääryydestä. Ihmiset jotka eivät iloitse vääryydestä eivät vain vältä vääryyden tekemistä vaan myös elävät aktivisesti Jumalan Sanan mukaisesti. Tällä tavoin voivat tulla Herran ystäviksi ja elää vaurasta elämää (Joh. 15:14).

11. Rakkaus iloitsee yhdessä totuuden kanssa

Johannes, yksi Jeesuksen kahdestatoista opetuslapsesta, pelastui kuolemalta ja eli Jeesuksen Kristuksen evankeliumia ja Jumalan tahtoa levittäen siihen saakka että hän kuoli vanhuuteen. Yksi niistä asioista joista hän nautti viimeisinä vuosinaan oli sen kuuleminen että ihmisey yrittivät elää Jumalan Sanan, itse totuuden, mukaan.

Hän sanoi: *"Minua ilahutti suuresti, kun veljet tulivat ja antoivat todistuksen sinun totuudestasi, niinkuin sinä totuudessa vaellatkin. Minulla ei ole suurempaa iloa kuin se, että kuulen lasteni vaeltavan totuudessa"* (3. Joh. 1:3-4).

Me näemme kuinka paljon iloa tämä hänelle tuotti siitä että hän sanoi tämän ilahduttaneen häntä suuresti. Johanneksella oli aikaisemmin ollut kiivas luonne ja häntä jopa kutsuttiin ukkosen pojaksi ollessaan nuori mutta hänen muututtua häntä alettiin kutsua rakauden apostoliksi

Me emme harrasta epähurskautta jos me rakastamme Jumalaa vaan elämme pelkästään totuuden mukaisesti. Me myös riemuitsemme totuudessa. Tässä totuus viittaa Jeesukseen Kristukseen, evankeliumiin sekä Raamatun 66 kirjaan. Jumalaa rakastavat ja Hänen rakastamansa iloitsevat vilpittömästi Jeesuksessa Kristuksessa ja evankeliumissa. He iloitseat kun Jumalan kuningaskunta laajenee. Mitä sitten tarkoittaa se että he iloitsevat totuuden voittamisesta?

Ensinnäkin, se tarkoittaa evankeliumista iloitsemista

'Evankeliumi' tarkoittaa ilosanomaa joka kertoo siitä että me olemme pelastuneet Jeesuksen Kristuksen kautta ja saaneet pääsyn taivaalliseen kuningaskuntaan. Monet ihmiset etsivät totuutta kysyen mikä on elämän tarkoitus ja mitä tarkoittaa elää arvokas elämä. He opiskelevat aatteita ja filosofiaa tai yrittävät erilaisia uskontoja löytääkseen vastauksen näihin kysymyksiin. Totuus on kuitenkin Jeesus Kristus eikä kukaan voi mennä taivaaseen ilman Jeesusta Kristusta. Tämän tähden Jeesus sanoi: *"Minä olen tie ja totuus ja elämä; ei kukaan tule Isän tykö muutoin kuin minun kauttani"* (Joh. 14:6).

Me saamme pelastuksen ja ikuisen elämän ottamalla Jeesuksen Kristuksen vastaan. Me saamme meidän syntimme anteeksi Herran veren kautta ja meidät viedään joko taivaaseen tai helvettiin. Nyt me ymmärrämme elämän tarkoituksen ja sen mitä tarkoittaa arvokas elämä. Tämän tähden on luonnollista että me iloitsemme evankeliumista. Evankeliumista iloitsevat myös levittävät sen sanomaa tunnollisesti muillekin. He täyttävät Jumalan heille antamat velvollisuudet ja tekevät uskollisesti työtä evankeliumin levittämiseksi. He myös riemuitsevat kun sielut kuulevat evankeliumista ja ottavat pelastuksen vastaan ottamalla Herran vastaan. He riemuitsevat kun Jumalan kuningaskunta laajenee. *"joka tahtoo, että kaikki ihmiset pelastuisivat ja tulisivat tuntemaan totuuden"* (1. Tim. 2:4).

On kuitenkin myös uskovia jotka ovat mustasukkaisia muille siitä että nämä toiset evankelioivat ihmisiä ja kantavat paljon hedelmää. On myös kirkkoja jotka ovat kateellisia toisille kirkoille siitä että ne kasvavat ja kirkastavat Jumalaa. Tämä ei ole totuudesta iloitsemista. Me iloitsemme aina kun me näemme Jumalan kuningaskunnan laajenevan jos me omaamme sydämessämme hengellistä rakkautta. Me iloitsemme yhdessä kun me näemme kirkon joka kasvaa ja on Jumalan rakastama. Tämä on totuudessa iloitsemista mikä on sama asia kuin evankeliumista iloitsemista.

Toisekseen, totuudessa iloitseminen tarkoittaa sitä että me iloitsemme kaikesta mikä kuuluu totuuteen.

Tämä on sitä että me iloitsemme kun me näemme, kuulemme ja teemme asioita jotka kuuluvat totuuteen, kuten hyvyyttä, rakkautta ja oikeudenmukaisuutta. Totuudessa iloitsevat liikuttuvat ja kyynelehtivät kuullessaan edes pienistä hyvistä teoista. He tunnustavat Jumalan Sanan olevan totuuden mikä on heille makeampaa kuin hunajakennon hunaja. He siis riemuitsevat kuunnellessaan saarnoja ja lukiessaan Raamattua. Tämän lisäksi he riemuitsevat eläessään Jumalan Sanan mukaisesti. He noudattavat Jumalan Sanaa iloisesti kun se käskee heitä palvelemaan, ymmärtämään ja antamaan anteeksi jopa niitäkin ihmisiä jotka aiheuttavat heille vaikeuksia.

Daavid rakasti Jumalaa ja halusi rakentaa Jumalan temppelin. Jumala ei kuitenkaan sallinut hänen tekevät tätä. Syy tähän löytyy 1. Aikakirjan jakeesta 28:3: *"Älä sinä rakenna temppeliä minun nimelleni, sillä sinä olet sotilas ja olet vuodattanut verta."* Oli väistämätöntä että Daavid oli joutunut vuodattamaan verta sillä hän oli ottanut osaa useaan sotaan. Jumalan silmissä Daavid ei kuitenkaan ollut sopiva tähän tehtävään.

Daavid ei pystynyt rakentamaan temppeliä itse mutta hän valmisti tähän tarvittavat rakennusmateriaalit niin että hänen poikansa Salomon saattoi suorittaa tämän tehtävän. Daavid valmisti nämä materiaalit kaikin voimineen ja tämä sai hänet ylitsevuotavan onnelliseksi. *"Ja kansa iloitsi heidän alttiudestaan, sillä he antoivat ehyellä sydämellä vapaaehtoiset lahjansa Herralle; ja kuningas Daavid oli myös suuresti iloissansa"* (1. Aik. 29:9).

Samalla tavalla totuudesta iloitsevat iloitsevat kun he näkevät muiden menestyvän. He eivät ole kateellisia. He eivät edes kuvittelisi toivovansa että jollekulle toiselle tapahtuisi jotakin pahaa tai että he olisivat onnellisia sen johdosta että jollekulle toiselle kävisi jotakin pahaa. Nähdessään jotakin epähurskasta he surevat tämän johdosta. Totuudessa iloitsevat pystyvät myös rakastamaan hyvyydessä muuttumattomalla sydämellä totuudenmukaisesti ja arvokkaasti. He riemuitsevat hyvistä sanoista ja teoista. Myös Jumala iloitsee heidän kanssaan riemuhuudoin Stefanian jakeen 3:17 mukaisesti: *"Jeesuksen Kristuksen ilmestys, jonka Jumala antoi hänelle, näyttääkseen palvelijoillensa, mitä pian tapahtuman pitää; ja sen hän lähettämänsä enkelin kautta antoi tiedoksi palvelijalleen."*

Sinun ei kuitenkaan pidä lannistua tai pettyä vain koska sinä et pysty iloitsemaan totuudessa kaiken aikaa. Jos sinä vain teet parhaasi rakkauden Jumala pitää tätä yritystä totuudessa iloitsemisena.

Kolmanneksi, totuudessa iloitseminen on sitä että me uskomme Jumalan Sanaan ja elämme sen mukaisesti.

On harvinaista löytää henkilö joka iloitsee vain totudesta aina alusta saakka. Niin kauan kun meissä on pimeyttä ja epätotuutta me voimme ajatella pahoja ajatuksia ja myös iloita vääryydestä. Me voimme kuitenkin iloita totuudessa täydellisesti kun me muutumme vähitellen ja heitämme pois epätotuuden sydämen. Kunnes tämä tapahtuu meidän pitää yrittää parhaamme tämän saavuttamiseksi.

Kuvittele, esimerkiksi että kaikki eivät ota palvelukseen osaa iloisin mielin. Tuoreet uskovat tai heikon uskon omaavat henkilöt saattavat olla väsyneitä tai kenties heidän sydämensä saattaa miettiä jotakin muuta. He saattavat miettiä kuka on voittanut jonkun urheilukilpailun tai kenties he ovat hermostunteita seuraavan päivän kokouksen tähden.

Mutta pyhättöön saapuminen ja palvelukseen osaa ottaminen on kuitenkin osa yritystä elää Jumalan Sanan mukaisesti. Se on osa totuudessa iloitsemista. Miksi me yritämme tällä tavalla? Me teemme näin voidaksemme saada pelastuksen ja päästä taivaaseen. Me olemme kuulleet totuuden Sanaa ja uskomme Jumalaan, ja tämän tähden me uskomme myös tuomioon ja taivaan ja helvetin olemassaoloon. Me myös tiedämme että taivaassa on erilaisia palkkioita ja niin me yritämme tulla pyhittyneeksi ja tehdä uskollisesti työtä Jumalan koko talossa. Me emme kenties iloitse vielä sataprosenttisesti totuudessa mutta me yritämme parhaamme uskomme mitan mukaisesti, ja tämä on itsessään jo totuudessa riemuitsemista.

Totuuden nälkä ja jano

Meidän tulisi iloita totuudessa luonnollisesti. Vain totuus antaa meille ikuisen elämän ja pystyy muuttamaan meidät täydellisesti. Me saamme ikuisen elämän ja tulemme Jumalan lapsiksi jos me kuuntelemme totuuden evankeliumia ja elämme sen mukaisesti. Me täytymme toivolla kuninkaallisesta kuningaskunnasta ja hengellisestä rakaudesta ja niin meidän kasvomme loistavat ilosta. Mitä enemmän me muutumme totuuden mukaan sitä iloisemmaksi me tulemme sillä me olemme Jumalan rakastamia ja siunaamia sekä useiden ihmisten rakastamia.

Meidän tulee iloita totuudessa kaikkina hetkinä ja tämän lisäksi meillä tulee olla totuuden nälkä ja jano. Jos sinulla on nälkä ja jano sinä haluat syödä ja juoda. Kun me kaipaamme totuutte meidän pitää haluta sitä vilpittömästi niin että me voimme muuttua nopeasti totuuden ihmiseksi. Tämä tarkoittaa Jumalan Sanan pitämistä sydämessämme ja sen mukaan elämistä.

Jos me seisomme rakastamamme henkilön edessä meidän on vaikea peittää kasvoillamme olevaa onnea. Sama pätee myös silloin kun me rakastamme Jumalaa. Me emme voi vielä seistä Jumalan kasvojen edessä mutta jos me todellakin rakastamme Jumalaa tämä näkyy meidän kasvoiltamme. Tämä tarkoittaa sitä että me olemme iloisia ja onnellisia jos me vain näemme ja kuulemme totuudesta. Meidän ympärillämme olevat ihmiset huomaavat meidän onnelliset kasvomme. Me vuodatamme kiitollisuuden kyyneleitä kun me vain ajattelemmekin Jumalaa ja Herraa ja meidän sydämemme liikuttuvat pienistä hyvyyden teoista.

Hyvyyteen kuuluvat kyyneleet muuttuvat myöhemmin

kauniiksi jalokiviksi jotka koristavat niiden vuodattaneiden ihmisten koteja taivaassa. Meidän tulee siis iloita totuudessa niin että meidän elämämme olisivat täynnä todistusta siitä kuinka Jumala meitä rakastaa.

Hengellisen rakkauden piirteitä II	6. Ei käyttäydy sopimattomasti
	7. Ei etsi omaansa
	8. Ei katkeroidu
	9. Ei muistele kärsimäänsä pahaa,
	10. Ei iloitse vääryydestä
	11. Iloitsee yhdessä totuuden kanssa

12. Kaikki se peittää

Meidän pitää kestää paljon erilaisia asioita kun me otamme Jeesuksen Kristuksen vastaan ja yritämme elää Jumalan Sanan mukaisesti. Meidän pitää kestää provosoivia tilanteita. Meidän pitää myös harjoittaa itsehillintää sen sijaan että me seuraisimme omia halujamme. Tämän tähden rakkauden ensimmäisen piirteen sanotaan olevan pitkämielisyys.

Pitkämielisyys kuvaa sitä kamppailua ihmisen sisällä joka seuraa sitä että henkilö yrittää heittää epätotuudet pois sydämestään. Kaiken kestämisellä on yleisempi merkitys. Sen jälkeen kun me olemme jalostaneet sydämestämme totuuden sydämen meidän pitää kestää kaikki muiden ihmisten taholta peräisin olevat kivut. Tämä viittaa varsinkin siihen että meidän pitää kestää kaikki mikä ei ole hengellisen rakkauden mukaista.

Jeesus tuli tämän maan päälle pelastaakseen syntisiä ja kuinka ihmiset kohtelivat häntä? Hän teki vain hyviä asioita ja silti ihmiset pilkkasivat, haukkuivat ja halveksivat Häntä. Lopulta he naulitsivat Hänet ristille. Jeesus kuitenkin kesti tämän kaiken ja Hän jopa rukoili heidän puolestaan jatkuvasti. Hän rukoili heidän puolestaan sanoen: *"Isä, anna heille anteeksi, sillä he eivät tiedä, mitä he tekevät"* (Luuk 23:34).

Mikä oli sen tulos että Jeesus kesti kaiken ja rakasti ihmisiä? Kaikki Jeesuksen pelastajakseen hyväksyneet voivat nyt pelastua ja tulla Jumalan lapseksi. Meidät vapautettiin kuolemasta ja meille annettiin ikuinen elämä.

Korealainen sananlasku sanoo "teroita kirves neulan

tekemiseksi." Tämä tarkoittaa sitä että kärsivällisyyden ja kestävyyden avulla me voimme tehdä jopa vaikeitakin asioita. Kuinka kauan meidän pitäisi teroittaa kirvestä kunnes meillä olisi kädessämme terävä neula? Tämä kuulostaa niin vaikealta asialta että me saattaisimme ajatella että eikö olisi helpompaa vain myydä kyseinen kirves ja ostaa siitä saaduilla rahoilla neuloja.

Jumala kuitenkin asettaa tämänkaltaisia tehtäviä tarkoituksella sillä Hän on meidän henkemme valtias. Jumala on hidas suuttumaan ja Hän on aina meidän suhteen kärsivällinen ja armelias sillä Hän rakastaa meitä. Hän jalostaa ihmisiä siitä huolimatta että Hän tietää näiden sydämien olevan teräksen kovia. Hän odottaa jokaisen kohdalla ihmisen tulevan Hänen lapsekseen siitä huolimatta että kyseisellä ihmisellä ei näytä olevan mitään edellytyksiä tämän tapahtumiselle.

Särjettyä ruokoa hän ei muserra, ja suitsevaista kynttilänsydäntä hän ei sammuta, kunnes hän saattaa oikeuden voittoon (Matteus 12:20).

Jopa tänäkin päivänä Jumala kestää kaikki ihmisten tekojen aiheuttavat kivut ja odottaa meitä riemuiten. Hän on ollut ihmisten kanssa erittäin kärsivällinen odottaen heidän muuttuvan hyvyyden kautta siitä huolimatta että ihmiset ovat toimineet pahuuden mukaisesti tuhansien vuosien ajan. Ihmiset ovat kääntäneet selkänsä Jumalalle ja palvelleet epäjumalia mutta tästä huolimatta Jumala on näyttänyt meille että Hän on ainoa Jumala ja kantaneet meitä uskossa. Kuinka moni ihminen pelastuisi jos Jumala sanoisi että "Te olette täynnä epähurskautta ja avuttomuutta. Minä en jaksa teitä enää"?

Jeremia 31:3 sanoo; *"Iankaikkisella rakkaudella minä olen sinua rakastanut, sentähden minä olen vetänyt sinua puoleeni armosta"* Jumala johdattaa meitä ikuisella ja loputtomalla rakkaudella.

Sinä aikana kun minä olen saanut tehdä työtä suuressa kirkossa minä olen alkanut ymmärtämään tätä Jumalan kärsivällisyyttä jonkin verran. Minä olen kohdannut ihmisiä joissa on paljo vikoja ja heikkouksia mutta Jumalan sydämen mukaisesti minä olen aina katsonut heitä uskon silmällä uskoen siihen että joku päivä he pystyisivät muuttumaan ja kirkastamaan Jumalaa. Minä olen ollut heidän kanssaan kärsivällinen kerta kerran jälkeen ja tämän uskon kautta monesta kirkon jäsenestä on kasvanut hyviä johtajia.

Joka kerta minä unohdan sen kuinka minun on pitänyt kestää heidän tähtensä ja minusta tuntuu kuin tämä olisi kestänyt vain hetken. 2. Piet. 3:8 sanoo: *"Mutta tämä yksi älköön olko teiltä, rakkaani, salassa, että 'yksi päivä on Herran edessä niinkuin tuhat vuotta ja tuhat vuotta niinkuin yksi päivä.'"* Minä ymmärrän mitä tämä jae merkitsee. Jumala kestää kaiken niin kauan ja silti Hän pitää aikaa vain yhtenä hetkenä. Meidän pitää siis ymmärtää tätä Jumalan rakkautta ja antaa ja rakastaa sen avulla kaikkia ympärillämme olevia.

13. Kaikki se uskoo

Jos sinä todella rakastat jotakuta sinä uskot että kaikki on hänelle mahdollista. Sinä uskot tähän henkilöön vaikka hänessä olisikin joitakin vikoja. Aviopari sitoutuu toisiinsa rakkaudessa. Jos aviopari ei omaa rakautta he eivät luota toisiinsa ja niin he riitelevät kaikesta ja epäilevät toisiaan. Vakavissa tapauksissa he saattavat jopa epäillä että toinen ei ole heitä kohtaan uskollinen mikä aiheutaa niin fyysistä kuin henkistäkin kipua. Jos he todella rakastavat toisiaan he luottaisivat toisiinsa täydellisesti ja he uskovat puolisonsa olevan hyvän henkilön ja lopulta kaikki päättyy heille hyvin.

Usko ja luottamus voivat olla rakkauden vahvuuden mitta. Täten Jumalaan uskominen on Häneen täydellisesti luottamista. Aabrahamia, uskon isää, kutsuttiin Jumalan ystäväksi. Aabraham noudatti epäröimättä Jumalan käskyä uhrata oma poikansa Hänelle. Hän pystyi tekemään näin sen tähden että Hän uskoi Jumalaan täydellisesti. Jumala näki tämän uskon ja tunnusti hänen uskonsa.

Rakkaus on uskomista. Jumalaan täydellisesti luottavat myös uskovat Häneen täydellisesti. He uskovat Jumalan Sanaan sataprosenttisesti. Ja koska he uskovat kaiken he myös sietävät kaiken. Voidaksemme kestää kaiken totuuden vastaisen meidän pitää uskoa. Tämä tarkoittaa sitä että vasta siten kun me uskomme koko Jumalan Sanan me voimme ympärileikata sydämemme heittääksemme kaiken rakkauden vastaisen.

Me emme tietenkään usko Jumalaan sen tähden että me ensin rakastimme Häntä. Jumala rakasti meitä ensin ja me aloimme rakastaa Häntä tämän uskomisen kautta. Kuinka Jumala sitten rakasti meitä? Hän antoi ainoan ja rakkaan Poikansa meidän puolestamme jotka olemme syntisiä avatakseen meille tien pelastukseen.

Ensin me aloimme rakastamaan Jumalaa uskomalla että tämä kaikki on totta. Jos me kuitenkin jalostamme henkemme kokonaan me saavutamme tason missä me uskomme täysin sen tähden että me rakastamme. Hengellisen rakkauden jalostaminen tarkoittaa sitä että me olemme jo heittäneet kaikki sydämen epätotudet pois. Jos meillä ei ole sydämessämme epätotuuksia me saamme ylhäältä hengellistä uskoa minkä avulla me voimme uskoa sydämemme pohjasta. Tällöin me emme koskaan epäile Jumalan Sanaa ja meidän uskomme Jumalaan ei koskaan vapise. Me myös uskomme kaikkia jos me jalostamme hengellistä rakkautta kokonaan. Tämä ei johdu siitä että ihmiset olisivat luotettavia vaan siitä että me katsome heitä uskon silmin vaikka he olisivatkin täynnä heikkouksia ja vikoja.

Meidän tulisi olla halukkaista uskomaan kaikkia ihmisiä. Meidän pitää uskoa myös itseemme. Meissä voi olla paljon heikkouksia ja vikoja mutta meidän pitää uskoa Jumalaa joka voi muuttaa meidät ja meidän pitää myös katsoa itseemme uskon silmillä tätä muutosta odottaen. Pyhä Henki sanoo meille aina meidän sydämessämme että me voimme tehdä mitä vain Hengen avulla. Jos sinä uskot tähän rakkauteen ja tunnustat voivasi tehdä hyvin ja muuttua Jumala tulee täyttämään kaiken sinun uskosi ja tunnustuksesi mukaisesti. Kuinka kaunista tämä tuleekaan olemaan!

Myös Jumala uskoo meihin. Hän uskoi että me kaikki

oppisimme tuntemaan Jumalan rakkauden ja löytäisimme pelastuksen tien. Hän katsoi meihin kaikkiin uskon silmillä ja tämän tähden Hän uhrasi ainoan Poikansa Jeesuksen ristillä. Jumala uskoo että jopa ne ihmiset jotka eivät vielä tunne tai usko Herraa tulevat pelastumaan ja astumaan Herran rinnalle. Hän uskoo että kaikki jotka ovat ottaneet Herran vastaan tulevat muuttumaan tämänkaltaisiksi lapsiksi. Myös meidän tulee siis uskoa jokaista henkilöä tämän Jumalan rakauden mukaisesti.

14. Kaikki se toivoo

Sanotaan että eräässä Yhdistyneiden Kuningaskunnan Westminster Abbeyn hautakivessä lukee seuraavanlaisesti: "Nuoruudessani minä halusin muuttaa maailmaa mutta en siihen kuitenkaan pystynyt. Keski-iässä minä yritin muuttaa perhettäni mutta en siihen kuitenkaan pystynyt. Vastan kuolemani lähestyessä minä ymmärsin että minä olisin voinut muuttaa näitä kaikkia jos minä olisin vain muuttanut itseni."

Yleensä ihmiset yrittävät muuttaa toista henkilöä jos tässä toisessa henkilössä on jotakin mistä he eivät pidä. Muiden ihmisten muuttaminen on kuitenkin melkein mahdotonta. On aviopareja jotka tappelevat sellaisista pikkuasioista kuin se mistä päästä he puristavat hammastahnatuubia. Meidän pitää kuitenkin muuttaa itseämme ennenkuin me yritämme muuttaa muita. Tämän jälkeen me voimme rakkaudessamme heitä kohtaan odottaa heidän muuttuvan tätä vilpittömästi toivoen.

Kaikessa toivominen tarkoittaa sitä että me odotamme että kaikki se mihin me uskomme tulee käymään toteen. Tämä tarkoittaa sitä että jos me rakastamme Jumalaa me tulemme uskomaan jokaista Jumalan Sanaa ja toivomaan että kaikki tulee tapahtuman Hänen Sanansa mukaisesti. Me unelmoimme päivistä jolloin me voimme jakaa meidän rakkautemme Jumalan kanssa ikuisesti taivaallisessa kuningaskunnassa. Tämän tähden meidän pitää kestää kaikessa juostaksemme uskon kilpailun. Mutta mitä jos toivoa ei kuitenkaan olisi?

Ihmiset jotka eivät usko Jumalaan eivät unelmoi taivaallisesta kuningaskunnatsa. Tämän tähden he elävät omien himojensa mukaisesti sillä heissä ei ole toivoa tulevasta. He vain yrittävät saada itselleen yhä enemmän ja kamppailevat tyydyttääkseen ahneutensa. He eivät kuitenkaan voi koskaan nauttia olostaa siitä huolimatta kuinka paljon he omistavat. He vain elävät peläten tulevaa.

Jumalaan uskovat kuitenkin voivat toivoa kaikessa sillä he kulkevat kapeaa polkua. Miksi me sitten kutsumme tätä polkua kapeaksi? Tämä tarkoittaa sitä että meidän polkumme on kapea ei-uskovien mielestä. Kun me otamme Jeesuksen Kristuksen vastaan ja tulemme Jumalan lapseksi me pysymme kirkossa koko päivän kestävän sunnuntain palveluksen aikana nauttimatta maallisista iloista. Me teemme työtä Jumalan kuningaskunnan puolesta vapaaehtoisin teoin ja rukoilemme elääksemme Jumalan Sanan mukaisesti. Tämänkaltaiset asiat ovat vaikeita ilman uskoa ja tämän tähden tätä polkua kutsutaan kapeaksi.

1. Kor. 15:19 kertoo kuinka apostoli Paavali sanoi: *"Jos olemme panneet toivomme Kristukseen ainoastaan tämän elämän ajaksi, niin olemme kaikkia muita ihmisiä surkuteltavammat."* Lihalliselta kannalta kestäminen ja sietäminen ovat vaikeita asioita. Jos me olemme rakastamiemme ihmisten kanssa me olemme onnellisia vaikka me asuisimme hökkelissä. Kuinka onnellisia me olemmekaan kun me ajattelemme sitä kuinka me saamme asua Herran kanssa ikuisesti taivaassa! Pelkästään tämän ajatteleminen saa meidät iloiseksi ja onnelliseksi. Tällä tavalla me odotamme ja toivomme aidossa rakkaudessa kunnes kaikki se mihin me uskomme tulee käymään toteen.

Kaiken odottaminen uskossa on erittäin voimallinen asia.

Sanotaan esimerkiksi että sinun lapsesi joutuu pahoille teille eikä hän enää käy koulussa. Jopa tämä lapsi voi muuttua hyväksi jos sinä uskot häneen ja sanot tämän hänelle katsoen häntä uskon silmillä. Vanhempien usko lapsiinsa stimuloi lapsessa itseluottamuksen kasvua ja muutosta parempaan. Itsevarmat lapset uskovat voivat tehdä mitä tahansa ja he pystyvät siten selviytymään vaikeuksista ja tämänkaltainen asenne vaikuttaa heidän koulumenestykseensä.

Sama koskee sitä kuinka meidän täytyy pitää huolta kirkon sieluista. Meidän ei pidä missään tapauksessa muodostaa kenestäkään ennakkokäsityksiä. Meidän ei pidä lannistua ja ajatella että toisen henkilön on vaikea muuttua tai että hän ei ole vieläkään muuttunut. Meidän pitää katsoa kaikkia toivon silmillä ja uskoa että he muuttuvat pian ja että pian kaikki sulaa Jumalan rakkauden kautta. Meidän pitää rukoilla heidän puolestaan ja rohkaista heitä sanoen heille että he voivat tehdä sen.

15. Kaikki se kärsii

1. Kor. 13:7 sanoo *"kaikki se peittää, kaikki se uskoo, kaikki se toivoo, kaikki se kärsii."* Sinä kestät kaiken jos sinä rakasta. Mitä sitten kestäminen tarkoittaa? Kun me kestämme kaiken mikä ei ole rakkauden mukaista me saamme tämän johdosta tuntea myös myähempiä seuraamuksia. Kun järven tai meren päällä tuulee tämä muodostaa aina aaltoja. Jopa sen jälkeen kun tuuli on tyyntynyt veden päällä on vielä jonkin verran väreitä. Me voimme kestää kyllä kaiken mutta tästä huolimatta tämä ei kuitenkaan pääty heti ja me saamme myös tuntea myöhempiä seuraamuksia.

Jeesus sanoi Matteuksen luvussa 5:39 näin: *"Mutta minä sanon teille: älkää tehkö pahalle vastarintaa; vaan jos joku lyö sinua oikealle poskelle, käännä hänelle toinenkin."* Tämän mukaan sinun pitää kestää vaikka joku löisi sinua kasvoille sen sijaan että sinä tappelisit takaisin. Sinä tulet tuntemaan kipua. Sinun poskeesi sattuu mutta sinun sydämesi kipu on suurempi. Ihmisillä on tietenkin eri syitä sydämessä kokemaansa kipuun. Jotkut tuntevat sydämessään kipua sen tähden että heitä on lyöty ilman mitään syytä ja he ovat tästä johdosta suuttuneet. Toiset taas kokevat sydämessään tuskaa sen tähden että he ovat suututtaneet jonkun toisen. On myös ihmisiä jotka saattavat olla pahoillaan sen johdosta että he näkevät veljen joka ei pysty hillitsemään kiivauttaan ilmaisten sen fyysisesti paremman ja rakentavamman tavan sijaan.

Jonkin asian kestämisen seuraamukset voivat johtua myös ulkoisista olosuhteista. Joku voi esimerkiksi lyödä sinua oikealle poskelle. Tämän jälkeen hän lyö sinua myös vasemmalle poskelle. Sinä olet kestänyt tätä Sanaa seuraten mutta sitten tilanne pahenee.

Näin kävi myös Danielin tapauksessa. Hän ei tehnyt kompromisseja vaikka tiesi että hän joutuisi heitetyksi leijonien luolaan. Hän rakasti Jumalaa ja tämän tähden hhän ei koskaan lakannut rukoilemasta edes vaarallisissa tilanteissa. Hän ei myöskään toiminut pahuuden mukaisesti hänen tappamistaan yrittäneitä ihmisiä kohtaan. Mutta muuttuiko kaikki sitten paremmaksi sen ansiosta että hän kesti kaiken Jumalan Sanan mukaisesti? Hänet heitettiin leijonien luolaan!

Me voimme luulla että kaikki koettelemukset menevät pois jo me kestämme kaiken mikä ei sovi yhteen rakkauden kanssa. Miksi tätä sitten seuraavat koettelemukset? Tämä on Jumalan suunnitelmaa jonka avulla Hän tekee meistä täydellisiä ja antaa meille ihmeellisiä siunauksia. Pellot kantavat parempaa satoa jos ne kestävät sadetta, tuulta ja auringon kuumuutta. Jumalan suunnitelman mukaan meistä tulee Hänen lapsiaan koettelemusten kautta.

Koettelemukset ovat siunauksia

Paholaisvihollinen ja Saatana yrittävät häiritä Jumalan lasten elämää heidän erittäessään elää kirkkaudessa. Saatana yrittää aina löytää mahdollisia syytöksiä ihmisiä kohtaan ja jos heissä on edes pieninkin tahra Saatana syyttää heitä tästä. Tästä esimerkki on se kuinka me kannamme sisällämme pahoja tunteita meitä pahasti toimineita kohtaan siitä huolimatte että ulkoisesti me näytämme ehkä kestävämme kaiken. Paholais-vihollinen ja Saatana tietävät tämän ja syyttävät meitä näiden tunteiden tähden. Tällöin Jumalan on sallittavat koettelemuksia näiden syytösten mukaisesti. Niin kauan kunnes meidän tunnustetaan omaavan pahuudesta puhtaan sydämen näitä koettelemuksia kutsutaan 'puhdistaviksi koettelemuksiksi.' Me voimme tietenkin kokea vastaavia koettelemuksia myös sen jälkeen kun me olemme tulleet täysin pyhittyneeksi. Näiden koettelemusten tarkoituksena on sallia meidän saada yhä suurempia siunauksia. Tämän kautta me emme vain pysy pahuudesta vapaalla tasolla vaan me saamme myös jalostaa suurempaa rakkautta ja täydellisempää hyvyyttä niin että meissä ei ole lainkaan tahroja tai virheitä.

Tämä ei koske vain henkilökohtaisia siunauksia ja sama periaate pätee kun me yritämme saavuttaa Jumalan kuningaskunna. Jumala ei näytä suuria tekoja ennenkuin uskon tietty määrä on täytetty. Tekemällä suuria uskon ja rakkauden tekoja me todistamme olevamme sopiva astia vastausten saamiseksi niin että paholais-vihollinen ei voi vastustaa tätä.

Joskus Jumala sallii meidän kohdata koettelemuksia. Jumala sallii meidän kirkastavan Häntä yhä suuremissa määrin suuremmalla voitolla ja Hän antaa meille yhä suurempia palkkioita jos me kestämme kaiken hyvyydessä ja rakkaudessa. Sinä saat suuria siunauksia varsinkin silloin jos sinä kestät vainoja ja koettelemuksia jotka ovat kohdanneet sinua Herran tähden. *"Autuaita olette te, kun ihmiset minun tähteni teitä solvaavat ja vainoavat ja valhetellen puhuvat teistä kaikkinaista pahaa. Iloitkaa ja riemuitkaa, sillä teidän palkkanne on suuri taivaissa. Sillä samoin he vainosivat profeettoja, jotka olivat ennen teitä"* (Matteus 5:11-12).

Kaikessa sietäminen, uskominen, toivominen ja kestämine

Jos sinä uskot että kaikki on mahdollista rakkaudessa niin sinä voit kestää minkälaisen koettelemuksen tahansa. Miten meidän pitää sitten uskoa, toivoa ja kestää kaikessa?

Ensiksi meidän pitää uskoa Jumalan rakkauteen loppuun saakka jopa koettelemusten aikana.

1. Piet. 1:7 sanoo: "*...että teidän uskonne kestäväisyys koetuksissa havaittaisiin paljoa kallisarvoisemmaksi kuin katoava kulta, joka kuitenkin tulessa koetellaan, ja koituisi kiitokseksi, ylistykseksi ja kunniaksi Jeesuksen Kristuksen ilmestyessä.*" Jumala jalostaa meitä niin että me voisimme nauttia ylistyksestä, kirkkaudesta ja kunniasta sen jälkeen kun meidän maallinen elämämme on päättynyt.

Me voimme myös kohdata tilanteita missä me kärsimme ansaitsemattomasti kun me elämme Jumalan Sanan mukaisesti tekemättä maailman kanssa kompromissia. Joka kerta kun näin käy meidän pitää uskoa että me saamme Jumalalta erityistä rakkautta. Tällöin me voimme olla lannistumisen sijaan kiitollisia siitä että Jumala johdattaa meitä kohti parempaa taivaan asuinsijaa. Meidän pitää myös uskoa Jumalan rakkauteen aina loppuun saakka vaikka me saatammekin kohdata kipua uskon koettelemuksia matkan varrella.

Jos tämä kipu on ankaraa ja kestää kauan aikaa me saatamme alkaa ihmettelemään miksi Jumala ei ole auttanut meitä ja kyseenalaistamaan sen että rakastaako Hän meitä vielä. Noina hetkinä meidän pitää kuitenkin muistaa Jumalan rakkaus yhä selvemmin ja kestää kaikki koettelemukset. Meidän pitää uskoa että Isä Jumala haluaa johdattaa meidät parempaan taivaalliseen asuinsijaan ja että Hän rakastaa meitä. Jos me kestämme loppuun saakka me saamme lopulta tulla täydelliseksi Jumalan lapseksi. *"Ja kärsivällisyys tuottakoon täydellisen teon, että te olisitte täydelliset ja eheät ettekä missään puuttuvaiset"* (Jaak. 1:4).

Toiseksi, meidän pitää uskoa että koettelemukset ovat oikopolkuja meidän toiveidemme toteutumiseen.

Room. 5:3-4 sanoo: *"Eikä ainoastaan se, vaan meidän kerskauksenamme ovat myös ahdistukset, sillä me tiedämme, että ahdistus saa aikaan kärsivällisyyttä, mutta kärsivällisyys koettelemuksen kestämistä, ja koettelemuksen kestäminen toivoa."* Koettelemukset ovat kuin oikopolkuja toiveiden toteutumiseen. Sinä saatat tuskastella että milloin sinä saat muuttua mutta jos sinä kestät ja jatkat muuttumista sinusta tulee vähitellen aito ja täydellinen Jumalan lapsi.

Kohdatessasi koettelemuksia sinä ei siis pidä vältellä sitä vaan selviytyä siitä parhaimpasi mukaan. On tietenkin luonnonlaki ja luonnollista että ihminen yrittää selviytyä kaikesta mahdollisimman helposti. Meidän matkamme on kuitenkin paljon pidempi jos me yritämme välttää koettelemuksia. Sanotaan, esimerkiksi että on olemassa henkilö joka aiheuttaa sinulle ongelmia kaikessa jatkuvasti. Sinä et näytä tätä avoimesti mutta sinä tunnet olosi epämukavaksi joka kerta kun sinä kohtaat hänet ja sinä siten haluat välttää hänen kohtaamistaan. Tämänkaltaisessa tilanteessa sinun ei pidä välttää tätä asiaa vaan ratkaista se aktiivisesti. Sinun täytyy kestää näitä vaikeuksia joita sinä koet ollessasi tämän henkilön seurassa ja jalostaa sydän mikä ymmärtää ja antaa aidosti anteeksi. Tällöin Jumala antaa sinulle armoa ja sinä muutut. Samalla tavalla kaikki sinun koettelemuksesi muuttuvat astinkiviksi ja oikopoluiksi toiveidesi täyttymiseen.

Kolmanneksi, meidän täytyy tehdä vain hyvää voidaksemme kestää kaiken.

Yleensä ihmiset valittavat kohdatessaan jälkivaikutuksia jopa senkin jälkeen kun he ovat kestäneet kaiken Jumalan Sanan mukaisesti. He valittavat ihmetellen miksi tilanne ei muutu siitä huolimatta että he ovat toimineet Sanan mukaisesti. Kaikki uskon koettelemukset ovat paholais-vihollisen ja Saatanan aiheuttamia. Tämä tarkoittaa sitä että koettelemukset ja kiusaukset ovat hyvän ja pahan välisiä taisteluita.

Voidaksemme saavuttaa voiton hengellisessä taistelussa meidän pitää taistella hengellisen maailman sääntöjen mukaisesti. Hengellisen maailman mukaan hyvyys voittaa lopulta. Room 12:21 sanoo: *"Älä anna pahan itseäsi voittaa, vaan voita sinä paha hyvällä."* Voi vaikuttaa siltä kuin me menettäisimme kasvomme ja olisimme häviäjiä jos me toimimme tällä tavalla hyvyydessä mutta kyse on kuitenkin päinvastaisesta. Tämä johtuu siitä että Jumala on oikeudenmukainen ja hyvä ja Hän hallitsee kaikkea ihmiskunnan onnea, epäonnea, elämää ja kuolemaa. Tämän tähden meidän pitää toimia vain hyvyydessä kun me kohtaamme koettelemuksia, vaikeuksia tai vainoja.

On tapauksia joissa uskovat joutuvat kokemaan vainoa heidän ei-uskovien perheenjäsentensä taholta. Näissä tilanteissa uskovat saattavat ihmetellä miksi heidän aviomiehensä tai vaimonsa ovat niin pahoja? Tällöin heidän koettelemuksensa kuitenkin tulevat vain pidemmiksi ja suuremmiksi. Mitä hyvyys on tämänkaltaisessa tilanteessa? Sinun tulee rukoilla rakkaudessa ja palvella heitä Herrassa. Sinusta tulee tulla valo joka loistaa kirkkaasti sinun perheellesi.

Jumalan tekee työtään oikealla hetkellä jos sinä toimit perhettäsi kohtaan ainoastaan hyvyyden mukaisesti. Hän ajaa paholais-vihollisen ja Saatanan pois ja liikuttaa perheenjäsentesi sydämiä. Kaikki sinun ongelmasi ratkeavat kun sinä toimit hyvyydessä Jumalan sääntöjen mukaisesti. Hengellisen taistelun voimakkain ase ei ole ihmisten viisaus vaan Jumalan hyvyys. Tämän tähden meidän pitää kestää kaikki hyvyydessä ja tehdä hyviä asioita.

Onko sinun lähelläsi sellainen ihminen jota sinä pidät vaikeana ja jonka lähellä sinun on vaikea olla? On ihmisiä jotka tekevät jatkuvasti virheitä, aiheuttavat vahinkoa ja tekevät muille haittaa. On myös ihmisiä jotka valittavat paljon ja murjottavat pienistäkin syistä. Ei ole kuitenkaan ketään jota sinä et kestäisi jos sinä jalostat itsessäsi aitoa rakkautta. Tämä johtuu siitä että sinä rakastat tällöin muita niinkuin itseäsi aivan kuten Jeesus meitä käski sanoessaan että meidän tulee rakastaa lähimmäisiämme kuin itseämme (Matteus 22:39).

Isä Jumala ymmärtää meitä ja kestä meitä tällä tavalla. Sinun pitää tämän tähden elää kuin helmisimpukan kunnes sinä olet jalostanut tämänkaltaista rakkautta itsessäsi. Helmisimpukka muodostaa arvokkaan helmen jos sen sisään tunkeutuu hiekan, merilevän tai simpukankuoren palanen. Tällä tavalla mekin saamme astua helmiportin lävitse Uuteen Jerusalemiin missä

Jumalan valtastuin sijaitsee jos me jalostamme hengellistä rakkautta.

Kuvittele sitä hetkeä jolloin sinä saat astua helmimporttien lävitse ja muistella mennyttä elämääsi. Meidän tulisi pystyä tunnustamaan Isä Jumalalle sanoen "kiitos siitä että sinä olet kestänet, uskonut, toivonut ja sietänyt kaikessa minun kanssan", sillä Hän on tällöin muovannut sydämestäsi helmen tapaisen.

Hengellisen rakkauden piirteet III	
	12. Kaikki se peittää
	13. Kaikki se uskoo
	14. Kaikki se toivoo
	15. Kaikki se kärsii

Täydellinen rakkaus

"Rakkaus ei koskaan häviä; mutta profetoiminen,
se katoaa, ja kielillä puhuminen lakkaa, ja tieto katoaa.
Sillä tietomme on vajavaista, ja profetoimisemme on vajavaista.
Mutta kun tulee se, mikä täydellistä on, katoaa se, mikä on vajavaista.
Kun minä olin lapsi, niin minä puhuin kuin lapsi,
minulla oli lapsen mieli, ja minä ajattelin kuin lapsi;
kun tulin mieheksi, hylkäsin minä sen, mikä lapsen on.
Sillä nyt me näemme kuin kuvastimessa, arvoituksen tavoin,
mutta silloin kasvoista kasvoihin; nyt minä tunnen vajavaisesti,
mutta silloin minä olen tunteva täydellisesti,
niinkuin minut itsenikin täydellisesti tunnetaan.
Niin pysyvät nyt usko, toivo, rakkaus, nämä kolme;
mutta suurin niistä on rakkaus."
1. Kor. 13:8-13

Jos sinä voisit ottaa yhden asian mukaasi mennessäsi taivaaseen mikä se olisi? Kultaa? Timantteja? Rahaa? Kaikki nämä asiat ovat hyödyttömiä taivaassa. Taivaassa kadutkin ovat kultaa ja taivaallinen Isämme on valmistanut kaikesta kaunista ja kallisarvoista. Jumala ymmärtää meidän sydämiämme ja Hän on valmistanut kaiken parhaansa mukaan. On kuitenkin jotakin minkä me voimme ottaa mukaan tämän maan päältä millä on arvoa myös taivaassa. Tämä asia on rakkaus. Se on meidän sydämessämme tämän maanpäällisen elämän aikana jalostunut rakkaus.

Myös taivaassa tarvitaan rakkautta

Kaikki maailmallinen katoaa kun ihmiskunnan jalostus on ohitse ja me menemme taivaalliseen kuningaskuntaan (Ilmestyskirja 21:1). Psalmi 103:15 sanoo: *"Ihmisen elinpäivät ovat niinkuin ruoho, hän kukoistaa niinkuin kukkanen kedolla."* Jopa ei-konkreettiset asiat kuteb maine, vauraus ja valta katoavat. Kaikki synnit ja pimeys kuten viha, riitely, kateus ja mustasukkaisuus katoavat myös.

1. Korinttolaiskirje 8-10 kuitenkin sanoo näin: *"Rakkaus ei koskaan häviä; mutta profetoiminen, se katoaa, ja kielillä puhuminen lakkaa, ja tieto katoaa. Sillä tietomme on vajavaista, ja profetoimisemme on vajavaista. Mutta kun tulee se, mikä täydellistä on, katoaa se, mikä on vajavaista."*

Profetia, kiellilläpuhuminen ja Jumalan tietous ovat kaikki hengellisiä asioita joten miksi nekin sitten katoavat? Taivas on hengellinen maailma ja täydellinen paikka. Taivaassa me tiedämme kaiken selvästi. Vaikka me kommunikoimme Jumalan kanssa selvästi ja profetoimme tulevasta tämä on kuitenkin eri asia siitä kuinka me tulemme ymmärtämään kaiken taivaallisessa kuningaskunnassa. Tällöin me ymmärrämme Isä Jumalan ja Herran sydämen selvästi niin että meillä ei ole enää tarvetta profetioille.

Sama koskee kielillä puhumista. Tässä kielillä viitataan eri kieliin. Me puhumme tällä hetkellä useita eri kieliä maan päällä joten jos me haluamme puhua toisella kielellä meidän pitää oppia heidän kielensä. Kulttuurierojen tähden me tarvitsemme tähän paljon aikaa ja vaivaa voidaksemme muiden sydämen ja ajatukset. Me emme myöskään pysty ymmärtämään muiden ajatuksia tai sydäntä kokonaan vaikka me puhuisimmekin samaa kieltä. Sujuvasta puheesta huolimatta ajatusten tai sydämen viestittäminen sataprosenttisesti ei ole helppoa. Me riitelemme tai muodostamme väärinkäsityksiä helposti sanojen takia. Sanat ovat myös usein yksinkertaisesti väärässä.

Meidän ei kuitenkaan tarvitse huolehtia näistä asioista jos me menemme taivaaseen, sillä siellä on vain yksi kieli. Siellä ei siis ole mitään syytä huolehtia väärinkäsityksistä. Hyvän sydämen sanoma välittyy sellaisenaan ja niin siellä ei ole väärinkäsityksiä tai ennakkoluuloja.

Sama koskee myös meidän tietouttamme. Tässä tietous viittaa Jumalan Sanan tietouteen. Me opettelemme Jumalan Sanaa tunnollisesti eläessämme tämän maan päällä. Raamatun 66 kirjan kautta me opimme kuinka me voimme pelastua ja saada ikuisen elämän. Me opimme Jumalan tahdosta mutta tämä on kuitenkin vain osa Jumalan tahtoa mikä koskee vain sitä mitä me tarvitsemme taivaaseen pääsyyn.

Me kuulemme, opettelemme ja harjoitamme esimerkiksi sellaisia käskyjä kuin rakastaaa toisianne, älkää olko kateellisia, älkää olko mustasukkaisia ja niin edelleen. Taivaassa ei kuitenkaan ole muuta kuin rakautta ja niin me emme tarvitse siellä tämänkaltaista tietoutta. Vaikka ne ovatkin hengellisiä asioita loppujen lopuksi jopa profetiointi, kielillä puhuminen ja kaikki tietous tulevat katoamaan. Tämä johtuu siitä että niitä tarvitaan vain väliaikaisesti tässä fyysisessä maailmassa.

Tämän tähden on tärkeää tuntea totuuden Sanaa ja olla tietoinen taivaasta mutta on kuitenkin tärkeämpää jalostaa rakkautta. Mitä enemmän me ympärileikkaamme sydäntämme ja jalostamme rakkautta sitä parempiin taivaallisiin asuinsijoihin me pääsemme.

Rakkaus on ikuisesti kallisarvoinen

Muistele ensimmäistä rakkauttasi. Kuinka onnellinen sinä olitkaan! Me sanomme että me olemme rakkauden sokaisema ja jos me todellakin rakastamma jotakuta me näemme hänessä vain hyviä asioita ja kaikki tässä maailmassa näyttää kauniilta. Aurongonpaiste vaikuttaa kirkkaammalta ja me voimme kenties aistia jopa pelkän ilmankin tuoksun. On tutkimuksia jotka sanovat että ne aivonosat jotka hallitsevat negatiivisia ja kriittisiä ajatuksia ovat vähemmän aktiivisia jos henkilö on rakastunut. Samalla tavalla sinä olet onnellinen vaikka sinä et edes söisi mitään jos sinä olet täynnä Jumalan rakkautta sydämessäsi. Taivaassa tämänkaltainen riemu tulee kestämään ikuisesti.

Meidän maallinen elämämme on kuin lapsen elämää kun sitä

verrataan siihen elämään josta me saamme nauttia taivaassa. Juuri puhumaan oppinut vauva voi oppia sanomaan muutaman helpon sanan kuten 'äiti' tai 'isä.' Hän ei kuitenkaan pysty ilmaisemaan yksityiskohtaisesti paljon muuta. Lapset eivät myöskään ymmärrä aikuisten maailman monimutkaisia asioita. Lapset puhuvat, ymmärtävät ja ajattelevat lapsen tietouden ja kykyjen perusteella. He eivät ymmärrä kunnolla rahan arvoa ja tämän tähden he valitsevat luonnollisesti kolikon jos he saavat valita kolikon ja setelin väliltä. Tämä johtuu siitä että kolikoilla on heille jotakin arvoa sillä he ovat käyttäneet niitä ostaessaan karkkeja ja jäätelöitä mutta he eivät kuitenkaan ole tietoisia seteleiden arvosta.

Sama koskee meidän ymmärrystämme taivaasta kun me elämme tämän maan päällä. Me tiedämme että taivas on kaunis paikka mutta on vaikea kuitenkin ilmaista kuinka kaunis se oikeasti on. Taivaallisessa kuningaskunnassa ei ole rajoituksia ja niin kauneutta voidaan ilmaista täydellisesti. Päästyämme taivaaseen me pystymme myös ymmärtämään rajattoman ja ihmeellisen hengellisen maailman ja ne periaatteet mihin kaikki perustuu. Tämä sanotaan jakeessa 1. Kor. 13:11: *"Kun minä olin lapsi, niin minä puhuin kuin lapsi, minulla oli lapsen mieli, ja minä ajattelin kuin lapsi; kun tulin mieheksi, hylkäsin minä sen, mikä lapsen on."*

Taivaallisessa kuningaskunnassa ei ole pimeyttä, huolia tai pelkoja. Siellä on vain hyvyyttä ja rakkautta. Me voimme siis ilmaista rakkauttamme ja palvella toisiamme niin paljon kuin vain haluamme. Tällä tavalla fyysinen ja hengellinen maailma ovat täysin erilaisia toisistaan. Tietenkin jopa tämän maailman päällä ihmisten ymmärrykset ja ajatukset eroavat toisistaan ihmisten uskon mitan mukaan.

1. Johanneksen evankeliumin toinen luku vertaa uskon tasoja pienten lasten, lasten, nuorten miesten ja isien uskoihin. Lapsen uskon tasolla olevat henkilöt ovat uskossaan kuin lapsia eivätkä he oikein ymmärrä syviä hengellisiä asioita. Heillä on vain vähän voimaa elää Sanan mukaisesti. Heidän kuitenkin varttuessa nuoriksi miehiksi ja isiksi heidän sanansa, ajatuksensa ja tekonsa muuttuvat. Heillä on enemmän kykyä elää Jumalan Sanan mukaisesti ja he voivat voittaa taisteluita pimeyden voimia vastaan. Mutta vaikka me saavuttaisimme isien uskon tämän maan päällä me voimme sanoa olevamme kuin lapsia verrattuna siihen kuinka me olemme kun me astumme taivaalliseen kuningaskuntaan.

Me tunnemme täydellisen rakkauden

Lapsuuden aikana me valmistaudumme tulemaan aikuiseksi ja samalla tavalla elämä tämän maailman päällä on valmistautumista ikuista elämää varten. Tämä maailma on kuin varjo verrattuna taivaan ikuiseen kuningaskuntaa ja se on ohitse erittän nopeasti. Varjo ei ole konkreettinen asia eikä se siis ole todellista. Se on vain alkuperäistä asiaa muistuttavat kuva.

Kuningas Daavid siunasi Herraa kaikkie nähden ja sanoi: *"Sillä me olemme muukalaisia ja vieraita sinun edessäsi, niinkuin kaikki meidän isämmekin; niinkuin varjo ovat meidän päivämme maan päällä eikä ole, mihin toivonsa panna"* (1. Aik. 29:15).

Katsoessamme jonkin varjoa me voimme ymmärtää sen

isännän ulkomuodon. Fyysinen maailma on kuin varjo joka antaa meille vähän ymmärrystä ikuisesta maailmasta. Kun varjo, eli tämän maailman elämä, on ohitse, sen oikea isäntä tulee selvästi esille. Tällä hetkellä me olemme tietoisia hengellisestä maailmasta vain heikosti ikäänkuin jos me katsoisimme peiliin. Mennessämme taivaalliseen kuningaskuntaan me saamme kuitenkin ymmärtää sen yhtä selvästi kuin jos me olisimme sen kanssa kasvotusten.

1. Kor. 13:12 sanoo: *"Sillä nyt me näemme kuin kuvastimessa, arvoituksen tavoin, mutta silloin kasvoista kasvoihin; nyt minä tunnen vajavaisesti, mutta silloin minä olen tunteva täydellisesti, niinkuin minut itsenikin täydellisesti tunnetaan."* Apostoli Paavali kirjoitti tämän rakkauden luvun noin 2000 vuotta sitten. Tuohon aikaan peilit eivät olleet yhtä kirkkaita kuin nykyään. Ne eivät olleet silloin vielä lasista vaan ne oli valmistettu hopeasta, pronssista tai teräksestä mikä oli sitten kiillotettu heijastamaan valoa. Tämän tähden peilit olivat himmeitä. On tietenkin ihmisiä jotka näkevät ja tuntevat taivaallisen kuningaskunnan elävämmin auennein hengellisin silmin. Tästä huolimatta me voimme nähdä taivaan kauneuden ja onnellisuuden vain himmeästi.

Astuessamme myöhemmin taivaan ikuiseen kuningaskuntaan me saamme nähdä selvästi kaikki kuningaskunnan yksityiskohdat ja me voimme tuntea ne selvästi. Me saamme oppia Jumalan suuruudesta, voimasta ja kauneudesta jotka ovat sanoin täysin kuvaamattomia.

Rakkaus on uskon,
toivon ja rakkauden joukosta suurin

Usko ja toivo ovat erittäin tärkeitä meidän uskomme kasvulle. Me voimme pelastua ja päästä taivaaseen pelkästään uskon kautta. Me voimme tulla Jumalan lapsiksi ainoastaan uskon kautta. Me saamme ikuitsen elämän, pelastuksen ja taivaallisen kuningaskunnan pelkästään uskon kautta ja niin se on erittäin kallisarvoista. Kaikista kallisarvoisin aarre on usko, ja usko on avain vastausten saamiseen rukouksiimme.

Entä sitten toivo? Myös toivo on kallisarvoista ja me saamme taivaassa parempia asuinsijoja toivon avulla. Joten jos me omaamme uskoa meillä on myös luonnollisesti toivoa. Meissä on toivo taivaasta jos me uskomme Jumalaa, taivaaseen ja helvettiin. Toivoa omatessamme me myös yritämme tulla pyhittyneeksi ja tehdä työtä uskollisesti Jumalan kuningaskunnan puolesta. Usko ja toivo ovat välttämättömiä taivaaseen pääsylle. 1. Kor. 13:12 kuitenkin sanoo että rakkaus on kaikista suurin, joten miksi näin?

Ensinnäkin, uskoa ja toivoa tarvitaan vain maanpäällisen elämän aikana ja taivaallisessa kuningaskunnassa on vain hengellistä rakkautta.

Taivaassa meidän ei tarvitse uskoa mihinkään sitä näkemättä tai toivoa mitään sillä kaikki on siellä meidän silmiemme edessä. Kuvittele että sinä rakastat jotakuta erittäin paljon etkä sinä tule näkemään häntä viikkoon tai jopa kymmeneen vuoteen. Meidän tunteemme tulevat olemaan paljon syvempiä ja suurempia kun me kohtaamme hänet taas kymmenen vuoden kuluttua. Ja kun me kohtaamme tämän henkilön kymmenen vuoden kuluttua onko silloin enää ketään joka kaipaisi häntä?

Sama koskee meidän kristillistä elämäämme. Jos me omaamme aitoa uskoa ja rakautta Jumalaa kohtaan meidän toivomme kasvaa samalla meidän uskomme kanssa. Me kaipaamme Herraa yhä enemmän päivittäin. Tällä tavalla taivaasta unelmoivat eivät sano tämän olevan vaikeaa siitä huolimatta että he ovat valinneet maan päällä kapean polun eivätkä he anna periksi kiusauksille. Me emme enää tarvitse uskoa tai toivoa kun me saavutamme viimeisen määränpäämme, taivaallisen kuningaskunnan. Rakkaus on kuitenkin tuolloin yhä jäljellä, ja tämän tähden raamattu sanoo että rakkaus on kaikista suurin.

Toiseksi, me voimme päästä taivaaseen uskon avulla mutta ilman rakkautta me emme pääse taivaan kauneimpaan paikkaan, Uuteen Jerusalemiin.

Me voimme rynnätä taivaalliseen kuningaskuntaan sen mukaan kuinka hyvin me toimimme uskossa ja toivossa. Meille annetaan hengellistä uskoa sen mukaan kuinka hyvin me elämme Jumalan Sanan mukaisesti, heitämme syntejämme pois ja jalostamme kaunista sydäntä. Meidän hengellisen uskomme mitan mukaisesti meille annetaan taivaallisia asuinsijoja taivaassa sen paratiisissa, ensimmäisessä, toisessa tai kolmannessa kuningaskunnassa tai Uudessa Jerusalemissa.

Paratiisi on niitä varten joilla on tarpeeksi uskoa tulla pelastetuksi ottamalla Jeesus Kristus vastaan. Tämä tarkoittaa sitä että he eivät tehneet mitään Jumalan Kuningaskunnan puolesta. Ensimmäinen kuningaskunta on niitä varten jotka yrittivät elää Jumalan Sanan mukaisesti otettuaan Jeesuksen Kristuksen vastaan. Tämä on paljon paratiisia kauniimpi paikka. Taivaan toinen kuningaskunta on niitä varhen jotka ovat eläneet Jumalan Sanan mukaisesti rakkaudessaan Jumalaa kohtaan ja olleet uskollisia Jumalan kuningaskunnalle. Taivaan kolmas kuningaskunta on niitä varten jotka ovat rakastaneet Jumalaa äärimmäisesti ja heittäneet pois kaikki pahan muodot tullen pyhittyneeksi. Uusi Jerusalem on niitä varten jotka ovat omanneet Jumalaa miellyttävää uskoa ja olleet uskollisia koko Jumalan talossa.

Uusi Jerusalem on taivaallinen asuinsija joka annetaan niille Jumalan lapsille jotka ovat jalostaneet täydellistä rakkautta uskossaan. Vain Jeesus Kristus omaa oikeuden astua Uuteen Jerusalemiin mutta Hänen verensä tähden myös täydellisen uskon omaavat ihmiset voivat astua sinne.

Voidaksemme olla Herran kaltaisia ja asua Uudessa Jerusalemissa meidän pitää seurata Hänen polkuaan. Tämä on rakkauden polku. Vain tämänkaltainen rakkaus voi kantaa Pyhän Hengen yhdeksää hedelmää sekä hyveitä jotka ovat Jumala lasten arvoisia. Tultuamme tämänkaltaisiksi Jumalan lapsiksi me voimme saada tämän maan päällä mitä tahansa me ikinä pyydämmekin ja me saamme etuoikeuden kävellä Herran kanssa taivaassa ikuisesti. Tämän tähden me voimme mennä uskon kautta taivaaseen ja heittää pois syntimme toivon avulla. Tästä syystä usko ja toivo ovat välttämättömiä kun taas rakkaus on kaikista suurin sillä me voimme päästä Uuteen Jerusalemiin ainoastaan rakkauden avulla.

"Älkää olko kenellekään mitään velkaa,

muuta kuin että toisianne rakastatte;

sillä joka toistansa rakastaa, se on lain täyttänyt.

Sillä nämä: 'Älä tee huorin, älä tapa, älä varasta, älä himoitse',

ja mikä muu käsky tahansa, ne sisältyvät kaikki tähän sanaan:

'Rakasta lähimmäistäsi niinkuin itseäsi.'

Rakkaus ei tee lähimmäiselle mitään pahaa.

Sentähden on rakkaus lain täyttämys."

Room. 13:8-10

Osa 3
Rakkaus on lain täyttymys

Luku 1 : Jumalan rakkaus

Luku 2 : Kristuksen rakkaus

LUKU 1 — *Jumalan rakkaus*

Jumalan rakkaus

*"Ja me olemme oppineet tuntemaan
ja me uskomme sen rakkauden,
mikä Jumalalla on meihin. Jumala on rakkaus,
ja joka pysyy rakkaudessa, se pysyy Jumalassa,
ja Jumala pysyy hänessä."*
1. Joh. 4:16

Työskennellessään Quechua-intiaanien parissa Elliot aikoi lähestyä myös väkivaltaisen maineen omaavaa Huaorani heimoa. Hää ja neljä muuta lähetyssaarnaajaa, Ed McCully, Roger Youderian, Peter Fleming ja heidän pilottinsa Nate Saint ottivat kontaktia heimon kanssa lentokoneesta käsin kovaäänisen ja lahjakorien avulla. Usean kuukauden kuluttua je päättivät rakentaa tukikohdan intiaaniheimon lähistölle Curaray-joen varrele. Täällä pieni joukko intiaaneja lähestyi heitä useaan otteeseen ja he jopa antoivat eräälle uteliaalle intiaanille jota he kutsuivat Georgeksi (hänen oikea nimensä oli Naenkiwi) huviajelun lentokoneella. Tästä rohkaistuneena he alkoivat suunnitella Huaoranien luona käymistä mutta näiden suunnitelmien tekeminen keskeytyi kun suuri joukko intiaaneja saapui heidän leiriinsä. Elliot ja hänen neljä seuralaistaan tapettiin tammikuun 8. päivänä 1956. Elliotin silvottu ruumis löydettiin joen alajuoksulta muiden miesten ruumiden kera. Ed McCullyn ruumista ei koskaan löydetty.

Elliotista ja hänen ystävistään tuli yhdessä hetkessä maailmankuuluja tämän jälkeen ja Life julkaisi 10 sivun artikkelin heidän työstään ja kuolemastaan. Sanotaan että heidän ansiostaan kristillinen lähetystyö alkoi taas kiinnostamaan sen ajan nuorisoa ja vielä tänäkin päivänä he toimivat esimerkkinä ympäri maailmaa toimiville lähetystyöntekijöille. Hänen miehensä kuoleman jälkeen Elisabeth Elliot ja alkoi tehdä muiden lähetystyöntekijöiden kanssa työtä Auca intiaaninen parissa ja heidän työllään oli suuri merkitys heimon joukossa joista moni kääntyi uskoon. He voittivat useita sieluja Jumalan rakkaudella.

Älkää olko kenellekään mitään velkaa, muuta kuin

että toisianne rakastatte; sillä joka toistansa rakastaa, se on lain täyttänyt. Sillä nämä: 'Älä tee huorin, älä tapa, älä varasta, älä himoitse', ja mikä muu käsky tahansa, ne sisältyvät kaikki tähän sanaan: 'Rakasta lähimmäistäsi niinkuin itseäsi.' Rakkaus ei tee lähimmäiselle mitään pahaa. Sentähden on rakkaus lain täyttämys (Room. 13:8-10).

Kaikista rakkauden muodoista suurin on Jumalan meitä kohtaan tuntema rakkaus. Myös koko maailman ja ihmisten luominen olivat peräisin Jumalan rakkaudesta.

Jumala loi kaikkeuden ja ihmiset rakkaudesta

Alussa Jumala oli maailmankaikkeuden suuressa tilassa yksikseen. Tämä maailmankaikkeus ei ollut sama kuin se missä me nyt olemme. Tämä oli tila missä ei ollut alkua tai rajoja. Kaikki tapahtui täällä Jumalan tahdon mukaisesti niinkuin Hän sydämessään halusi. Miksi Jumala sitten loi ihmiset jos Hän pystyi tekemään mitä ikinä Hän halusi?

Jumala halusi uskollisia lapsia joiden kanssa Hän voisi jakaa Hänen maailmansa kauneuden josta Hän itse nautti. Sama koskee ihmismieltä, sillä myös me haluamma jakaa kaikki hyvät asiat rakastamiemme ihmisten kanssa. Tämän toivossa Jumala suunnitteli ihmisten jalostuksen saadakseen itselleen uskollisia lapsia.

Aluksi Hän jakoi maailmankaikkeuden fyysiseen ja hengelliseen maailmaan ja loi taivaalliset isännät ja enkelit. Hän myös loi muita hengellisiä olentoja sekä kaiken muun hengelliselle maailmalle tarpeellisen. Hän valmisti itselleen tilan missä asua sekä taivaallisen kuningaskunnan missä Hänen uskolliset lapsensa asuisivat ja tilan missä ihmiset asuisivat käydessään läpi ihmiskunnan jalostusta. Mittaamattoman ajanjakosn kulttua Hän loi maapallon sekä auringon, kuun, tähdet sekä luonnon mitä kaikkia tarvitaan ihmisten elämän ylläpitämiseen.

Jumalan ympräillä on lukemattomia hengellisiä olentoja kuten enkeleitä mutta ne ovat kuitenkin ehdottoman kuuliaisia kuin robotit. Ne eivät ole olentoja joiden kanssa Jumala voisi jakaa rakkauttaan. Tästä syystä Jumala loi ihmiset omaksi kuvakseen saadakseen itselleen uskollisia lapsia joiden Hän voisi jakaa rakkauttaan. Uskotko sinä että robotit korvaisivat meidän omat lapsemme jos olisi mahdollista saada kauniita robotteja jotka toimisivat niinkuin me haluamme? Meidän lapsemme eivät kenties aina kuuntele meitä tai tee niinkuin me haluamme mutta he ovat silti meille ihanampia kuin robotit sillä he tuntevat rakkautta ja osoittavat sitä myös meitä kohtaan. Sama koskee myös Jumalaa. Hän halusi uskollisia lapsia joiden kanssa Hän voisi omata yhteisen sydämen. Tällä rakkaudella Jumala loi ensimmäisen ihmisen, Aatamin.

Luotuaan Aatamin Jumala loi itään Eedenin puutarhan ja asetti Aatamin sinne. Eedenin puutarha luotiin Aatamia varten. Se on salaperäinen ja kaunis paikka missä puut ja kukat kasvavat hyvin ja ihanat eläimet käyskentelevät. Joka paikassa kasvaa runsaasti hedelmää. Siellä on tuulenvireitä jotka tuntuvat silkkisen pehmeältä ja saavat ruohon kahisemaan silkin tavoin. Siellä vesi kimaltelee kuin timantit. Me emme pysty ymärtämään tämän paikan kauneutta edes ihmisten parhaimman mielikuvituksen avulla.

Jumala antoi Aatamille myös Eeva-nimisen apurin. Tämä ei johtunut siitä että Aatami olisi tuntenut olonsa yksinäiseksi. Jumala ymmärsi Aatamin sydäntä etukäteen sillä Jumala oli itse ollut yksin niin kauan aikaa. Parhaissa Jumalan luomissa olosuhteissa Aatami ja Eeva kulkivat yhdessä Jumalan kanssa kauan aikaa nauttien luomakunnan herrojen asemasta.

Jumala jalosti ihmiskuntaa saadakseen uskollisia lapsia

Aatamilta ja eevalta kuitenkin puuttui jotakin mitä Jumalan uskolliset lapset tarvitsevat. Jumala antoi heille Hänen kaiken rakkautensa mutta tästä huolimatta he eivät kuitenkaan tunteneet Jumalan rakkautta. He nauttivat kaikesta Jumalan heille antamasta mutta he eivät kuitenkaan voineet saada tai ansaita paratiisissa mitään mitä heille ei olisi jo annettu. Täten he eivät ymmärtäneet kuinka kallisarvoista Jumalan rakkaus oli eivätkä he osanneet arvostaa tätä kunnolla. Tämän lisäksi he eivät myöskään kokeneet kuolemaa tai epäonnea ja niin he eivät ymmärtäneet elämän arvoa. He eivät kokeneet vihaa ja niin he eivät ymmärtäneet rakkauden arvoa. He olivat kyllä kuulleet siitä ja he omasivat siitä tietoutta mutta tästä huolimatta he eivät tunteneet rakkautta syämessään sillä he eivät olleet koskaan kokeneet sitä henkilökohtaisesti.

Tästä löytyy syy siihen että Aatami ja Eeva söivät hyvän- ja pahantiedon puusta. Jumala sanoi: "...*sillä sinä päivänä, jona sinä siitä syöt, pitää sinun kuolemalla kuoleman"* mutta he eivät kuitenkaan tienneet mitä kuolema todella merkitsi (Genesis 2:17). Eikä Jumala sitten tiennyt että he aikoivat syödä hyvän- ja pahan tiedon puusta? Tietenkin Hän tiesi tämän. Hän oli tästä tietoinen mutta Hän silti antoi Aatamille ja Eevalle vapaan tahdon päättää ollako Hänelle kuuliaisia. Tämä on ihmiskunnan jalostuksen suunnitelma.

Ihmiskunnan jalostuksen kautta Jumala halusi ihmisten kokevan kyyneleitä, surua, kipua, kuolemaa ja muita vastaavia asioita niin että päästyään taivaaseen he pystyisivät tuntemaan kuinka kallisarvoisia ja arvokkaita taivaalliset asiat ovat ja he pystyisivät nauttimaan onnellisuudesta. Jumala haluasi jakaa rakkautensa ikuisesti taivaassa mikä on paljon Eedenin puutarhaakin kauniimpi.

Niskoiteltuaan Jumalaa vastaan Aatami ja Eeva eivät voineet enää elää Eedenin puutarhassa. Aatami menetti asemansa koko luomakunnan herrana ja niin myös kaikki eläimet ja kasvit kirottiin. Maa oli ennen ollut täynnä runsautta ja kauneutta mutta nyt myös se tuli kirotuksi. Nyt se tuotti piikkejä ja ohdakkeita eivätkä ihmiset voineet korjata mitään ilman työtä tai hikeä.

Siitä huolimatta että Aatami ja Eeva olivat niskoitelleet Jumalaa vastaan Hän silti valmisti heille vaatteita nahoista ja vaatetti heidät sillä heidän piti nyt elää täysin erilaisessa ympäristössä (Genesis 3:21). Jumalan sydämen on täytynyt olla tulessa kuin vanhemman joka lähettää lapsensa pois tietyksi aikaa valmistellakseen hänen tulevaisuuttaan. Tästä Jumalan rakkaudesta huolimatta ihmiskunta tahraantui synneistä pian ihmiskunnan jalostuksen alettua ja pian ihmiset alkoivat loitota

Jumalasta.

Room. 1:21-23 sanoo: *"koska he, vaikka ovat tunteneet Jumalan, eivät ole häntä Jumalana kunnioittaneet eivätkä kiittäneet, vaan ovat ajatuksiltansa turhistuneet, ja heidän ymmärtämätön sydämensä on pimentynyt. Kehuessaan viisaita olevansa he ovat tyhmiksi tulleet ja ovat katoamattoman Jumalan kirkkauden muuttaneet katoavaisen ihmisen ja lintujen ja nelijalkaisten ja matelevaisten kuvan kaltaiseksi."*

Jumala näytti tälle syntiselle ihmiskunnalle Hänen suunnitelmansa ja rakkautensa Hänen valitun kansansa, Israelin, kautta. Eläessään Jumalan Sanan mukaisesti Jumala näytti heille ihmeellisiä merkkejä ja ihmeitä ja antoi heille suuria siunauksia. Kun he kuitenkin loittonivat Jumalasta, palvoivat epäjumalia ja tekivät syntejä Jumala lähetti heille profeettoja julistamaan rakkauttaan.

Eräs näistä profeetoista oli Hoosea joka oli aktiivinen tänä pimeänä aikan sen jälkeen kun Israel jaettiin kahtia pohjoiseen Israeliin ja eteläiseen Juudeaan.

Eräänä päivänä Jumala antoi Joosealle käskyn *"Mene, ota itsellesi haureellinen vaimo ja haureudesta syntyneet lapset"* (Hoosea 1:2). Oli käsittämätöntä että hurskas profeetta naisi uskottoman naisen. Hoosea ei täysin ymmärtänyt Jumalan aikeita mutta tästä huolimatta hän noudatti Jumalan käskyä ja meni Goomer-nimisen naisen kanssa naimisiin.

He saivat kolme lasta mutta Goomer meni toisen miehen luokse himojaan seuraten. Tästä huolimatta Jumala käski Hooseaa rakastamaan vaimoaan (Hoosea 3:1). Hoosea huolehti vaimostaan ja osti hänet itselleen viidellätoista hopeasekelillä ja yhdellä ja puolella hoomer-mitalla ohraa.

Hoosean Goomerille antama rakkaus symboloi Jumalan meitä kohtaan tuntemaa rakkautta. Goomer, uskoton nainen, symboloi kaikki synnin tahraamia ihmisiä. Hoosea otti uskottoman naisen vaimokseen ja samalla tavalla Jumala ensin rakasti meitä tämän maailman syntien tahraamia ihmisiä.

Hän osoitti loppumatonta rakkautta toivoen jokaisen kääntyvän kuoleman polulta ja tulevan Hänen lapsekseen. Vaikka ihmiset ystävystyivät maailman kanssa ja loittonivat Jumalasta hetkeksi aikaa Hän ei sanonut että "Sinä jätit minut enkä minä huoli sinua enää takaisin." Hän vain haluaa kaikkien palaavan Hänen luokseen vilpittömin sydämin kuin vanhempi joka odottaa kotoaan karannutta lasta palaamaan takaisin.

Jumala valmisti Jeesuksen Kristuksen ennen aikojen alkua

Tuhlaajapojasta kertova vertauskuva mikä löytyy Luukaksen 15. luvusta näyttää selvästi Isä Jumalan sydämen. Toinen poika joka oli nauttinut vauraasta elämästä koko elämänsä ajan ei ollut isälleen kiitollinen sillä hän ei ymmärtänyt elämänsä elämän arvoa. Eräänä päivänä hän pyysi että voisi saada perintönsä etukäteen. Hän oli tyypillinen hemmoteltu lapsi joka pyysi isältään perintöään isän ollessa vielä elossa.

Isä ei pystynyt pysäyttämään poikaansa sillä hänen poikansa ei ymmärtänyt vanhempiensa sydäntä ja niin hän lopulta antoi pojalleen tämän perintörahat. Poika oli tästä hyvin iloinen ja lähti matkalle. Isän tuskat alkoivat tästä hetkestä alkaen. Hän oli hyvin huolestunut miettien mitä jos pojalle tapahtuu jotakin tai mitä jos hän kohtaa pahoja ihmisiä. Isä ei pystynyt edes nukkumaan kunnolla murehtiessaan pojan tähden ja tarkkaillen horisonttia toivoen tämän palaavan takaisin.

Pian pojan rahat loppuivat ja ihmiset alkoivat kohdella häntä kaltoin. Hän oli niin kauheassa tilanteessa että hän halusi tyydyttää nälkönsä syömällä sikojen kaukalosta mutta kukaan ei antanut hänen tehdä edes tätä. Nyt hän muisti isänsä talon.a Hän palasi kotiin mutta oli niin pahoillaan että ei voinut edes nostaa päätään ylös. Hänen isänsä kuitenkin juoksi hänen luokseen ja suuteli häntä. Isä ei syyttänyt häntä mistään vaan sen sijaan oli niin iloinen että hän puki poikansa parhaisiin vaatteisiin ja teurasti vasikan hänen kunniakseen. Tämä on isän rakkautta.

Jumalan rakkautta ei anneta vain erikoisille ihmisille tiettyinä aikoina. 1. Tim. 2:4 sanoo: *"joka tahtoo, että kaikki ihmiset pelastuisivat ja tulisivat tuntemaan totuuden."* Hän pitää pelastuksen portit avoinna kaiken aikaa ja milloin tahansa sileu palaa Jumalan luokse Hän toivottaa sen tervetulleeksi ilolla ja riemuiten.

Jokaisen tie pelastukseen avattiin tämänkaltaisella Jumalan rakkaudella mikä ei anna koskaan periksi. Tämän avulla Jumala valmisti poikansa Jeesuksen Kristuksen. Hepr. 9:22 sanoo: *"Niin puhdistetaan lain mukaan miltei kaikki verellä, ja ilman verenvuodatusta ei tapahdu anteeksiantamista."* Jeesus maksoi syntisten hinnan heidän synneistään kallisarvoisella verellään ja elämällään.

1. Joh. 4:9 puhuu Jumalan rakkaudesta seuraavasti. *"Siinä ilmestyi meille Jumalan rakkaus, että Jumala lähetti ainokaisen*

Poikansa maailmaan, että me eläisimme hänen kauttansa." Jumala asetti Jeesuksen vuodattamaan kallisarvousta vertaan lunastaakseen ihmiskunnan sen synneistä. Jeesus tuli naulatuksi ristille mutta Hän voitti kuoleman ja nousi kolmantena päivänä kuolleista sillä Hän oli täysin synnitön. Tätä kautta avautui tie pelastukseen. Ainoan Poikansa antaminen ei ole yhtä helppoa kuin miltä se kuulostaa. Korealainen sananlasku sanoo että vanhemmat eivät tunne kipua vaikka heidän lapsensa sokaisisivat heidän silmänsä. Monet vanhemmat pitävät lastensa elämää omaansa tärkeämpänä.

Tämän tähden se että Jumala antoi ainoan Poikansa Jeesuksen osoittaa äärimmäistä rakkautta. Jumala valmisti taivaan kuningaskunnan niille jotka Hän saa takaisin Jeesuksen Kristuksen veren kautta. Kuinka suurta rakkautta tämä onkaan! Ja silti Jumalan rakkaus ei pääty tähän.

Jumala antoi meille Pyhän Hengen johdattamaan meidät taivaaseen

Jumala antaa Jeesuksen Kristuksen hyväksyneille ja syntinsä anteeksi saaneille Pyhän Hengen lahjaksi. Pyhä Henki on Jumalan sydän. Siitä hetkestä alkaen kun Herra nousi taivaaseen Jumala lähetti meille auttajan, Pyhän Hengen, meidän sydämeemme.

Room. 8:26-27 sanoo: *"Samoin myös Henki auttaa meidän heikkouttamme. Sillä me emme tiedä, mitä meidän pitää rukoileman, niinkuin rukoilla tulisi, mutta Henki itse rukoilee meidän puolestamme sanomattomilla huokauksilla. Mutta sydänten tutkija tietää, mikä Hengen mieli on, sillä Henki rukoilee Jumalan tahdon mukaan pyhien edestä."*

Tehdessämme syntiä Pyhä Henki johdattaa meidät katumaan huokaisten sanojakin kovempaa. Heikon uskon omaaville Henki antaa uskoa ja toivottomille Henki antaa toivoa. Samalla tavalla kuin äidit lohduttavat ja huolehtivat lapsestaan Hän antaa meille Hengen äänen niin että me emme vahingoitu millään tavalla. Tällä tavalla Hän antaa meidän tuntea meitä rakastavan Jumalan sydämen ja Hän johdattaa meidät taivaan kuningaskuntaan.

Me emme voi tehdä muuta kuin rakastaa Jumalaa takaisin jos me ymmärrämme tämän rakkauden syvästi. Jos me rakastamme Jumalaa meidän sydämellämme Hän antaa meille takaisin suurta ja ihmeellistä rakkautta. Hän antaa meille terveyttä ja siunaa meitä niin että kaikki sujuu meidän kanssamme hyvin. Hän tekee näin sen tähden että tämä on hengellisen maailman laki mutta myös siksi että ennen kaikkea Hän haluaa meidän kokevan Hänen rakkautensa Häneltä saamiemme siunausten kautta. *"Minä rakastan niitä, jotka minua rakastavat, ja jotka minua varhain etsivät, ne löytävät minut"* (Sananlaskut 8:17).

Miltä sinusta tuntui kun sinä kohtasit Jumalan ensimmäisen kerran ja sait kokea parannuksen tai sinä sait vastauksia ongelmiisi? Sinusta on täytynyt tuntua että Jumala rakastaa jopa kaltaistasi syntistä. Minä uskon että sinä olet tunnustanut sydämessäsi näin: "Jos valtameret olisivat mustetta ja taivaat paperia, Jumalan rakkaudesta kirjoittaminen tyhjentäisi kaikki meret." Minä uskon myös että sinä olit liikuttunut siitä Jumalan ylitsevuotavasta rakkaudesta joka on antanut sinulle ikuisen taivaan missä ei ole huolia, surua, sairauksia, eroa tai kuolemaa.

Me emme rakastanut Jumalaa ensin. Jumala tuli ensin ja ojensi kätensä meitä kohden. Hän ei rakastanut meitä siksi että me olisimme ansainneet tulla rakastetuksi. Jumala rakasti meitä niin paljon että Hän antoi ainoan poikansa meidän syntisten puolesta jotka olimma matkalla kohti kuolemaa. Hän rakasti kaikkia ihmisiä ja Hän välittää meistä suuremmin kuin kukaan äiti voi rakastaa lastaan (Jesaja 49:15) Hän odottaa meitä kuin tuhat vuotta olisi vain yksi päivä.

Jumalan rakkaus on aitoa rakkautta mikä ei muutu aikojen kuluessakaan. Kun me menemme taivaaseen meidän suumme loksahtavat auki kun me näemme Jumalan meille rakentamat kauniit kruunut, loistavat vaatteet ja taivaalliset talot jotka on rakennettu kullasta ja arvokaista jalokivistä. Hän antaa meille palkkioita ja lahjoja jopa meidän maallisen elämämme aikana ja Hän odottaa innokkaasti sitä päivää jona Hän voi olla meidän kanssamme ikuisessa kirkkaudessaan. Tuntekaamme siis Hänen suurta rakkautta.

Kristuksen rakkaus

*"...ja vaeltakaa rakkaudessa,
niinkuin Kristuskin rakasti teitä
ja antoi itsensä meidän edestämme lahjaksi ja uhriksi,
Jumalalle 'suloiseksi tuoksuksi."*
Ef 5:2

Rakkaudella on suuri voima tehdä mahdottomasta mahdollista. Jumalan ja Herran rakkaus ovat jotakin todella ihmeellistä. Tämä rakkaus voi muuttaa pätemättömän ihmisen joka ei ole kyennyt tekemään mitään päteväksi henkilöksi joka kykenee mihin tahansa. Kun kouluttamattomat kalastajat, veronkerääjät – joita aikanaan pidettiin syntisinä – köyhät, lesket ja maailman hylkäämät ihmiset kohtasivat Heran heidän elämänsä muuttuivat täysin kokonaan. Heidän köyhyytensä ja sairautensa katosivat ja he tunsivat aitoa rakkautta minkälaista he eivät olleet koskaan aikaisemmin kokeneet. He pitivät itseään arvottomina mutta je syntyivät pian uudestaan Herran kunniallisiksi instrumenteiksi. Tämä on rakkauden voimaa.

Jeesus tuli tämän maan päälle hyläten kaiken taivaallisen kirkkauden

Alussa Jumala oli Sana ja Sana tuli tämän maailman päälle ihmisen muodossa. Tämä oli Jeesus, Jumalan ainoa Poika. Jeesus tuli tämän maan päälle pelastamaan synnin sitomaa ihmiskuntaa joka oli matkalla kohti kuolemaa. Nimi 'Jeesus' tarkoittaa 'Hän pelastaa kansansa heidän synneistään' (Matteus 1:21).

Kaikki nämä synnin tahraamat ihmiset eivät eronneet eläimistä (Saarnaaja 3:18). Jeesus syntyi tallissa lunastaakseen ihmiset jotka olivat hylänneet mitä heidän oli pitänyt tehdä ja tulleet näin eläinten kaltaisiksi. Hänet asetettiin eläinten ruokkimista varten tarkoitettuun kaukaloon tullakseen aidoksi ruuaksi ihmisille (Joh. 6:51). Tämä oli niin jotta ihmiset voisivat saada takaisin Jumalan kadonneen kuvan ja jotta he voisivat tehdä heidän täyden velvollisuutensa.

Matteus 8:20 myös sanoo: *"Ketuilla on luolat ja taivaan linnuilla pesät, mutta Ihmisen Pojalla ei ole, mihin hän päänsä kallistaisi."* Kuten sanottua, Hänellä ei ollut paikkaa missä nukkua ja Hänen täytyi yöpyä pellolla kylmän ja sateen keskellä. Hän oli usein ilman ruokaa ja nälkäinen. Tämä ei johtunut siitä että Hän olisi ollut kykenemätön vaan siksi että Hän tulisi lunastamaan meidät köyhyydestä. 2. Korinttolaiskirje 8:9 sanoo: *"Sillä te tunnette meidän Herramme Jeesuksen Kristuksen armon, että hän, vaikka oli rikas, tuli teidän tähtenne köyhäksi, että te hänen köyhyydestään rikastuisitte."*

Jeesus aloitti julkisen työnsä muuttamalla veden viiniksi Kaanan hääjuhlissa. Hän julisti Jumalan kuningaskuntaa ja teki useita merkkejä ja ihmeitä Juudean ja Galilean alueella. Spitaaliset parantuivat, rammat alkoivat kävellä ja hyppiä sekä riivatut vapautettiin pimeyden vallasta. Jopa neljä päivää kuolleena ollut henkilö joka jo haisi pahalle tuli ulos haudasta elävänä (Joh. 11).

Jeesus teki näitä ihmeellisiä tekoja maan päällä ollessaan näyttääkseen ihmisille kuinka paljon Jumala heitä rakasti. Tämän lisäksi Hän piti Lain täydellisesti toimiakseen heille täydellisenä esimerkkinä. Jeesus piti Lain täydellisesti eikä Hän tuominnut Lakia rikkoneita ja kuolemaan matkalla olleita syntisiä. Hän vain opetti heille totuutta saadakseen vielä yhden henkilön katumaan ja saamaan pelastuksen.

Jos Jeesus olisi tuominnut jokaisen tarkasti Lain mukaan ei kukaan voisi pelastua. Jumalan käskyjen Laki käskee meitä pitämään, tekemään ja olemaan tekemättä tiettyjä asioita. On esimerkiksi käskyjä kuten pyhitä lepopäiväsi, älä kadehdi naapuriasi, kunnioita vanhempiasi ja heitä pois kaikki pahan muodot. Kaikkien lakien äärimmäinen pää on rakkaus. Sinä voit harjoittaa rakkautta jos sinä pidät kaikki asetukset ja lait ainakin ulkoisesti.

Mutta Jumala ei kuitenkaan halua että me pidämme Lain vain teoissamme. Hän haluaa että me harjoitamme Lakia sydämemme rakkaudella. Jeesus tunsin Jumalan sydämen erittäin hyvin ja Hän täytti Lain rakkaudella. Eräs parhaista esimerkeistä tähän liittyen on nainen joka jäi kiinni haureudesta (Joh. 8). Eräänä päivänä kirjanoppineet ja fariseukset toivat Jeesuksen eteen haureudesta kiinni jääneen naisen ja kysyivät Häneltä *"Ja Mooses on laissa antanut meille käskyn, että tuommoiset on kivitettävä. Mitäs sinä sanot?"* (Joh. 8:5).

He sanoivat näin löytääkseen syyn syyttää Jeesusta jostakin. Miltä sinä luulet että tästä naisesta on tuntunut tällä hetkellä? Hänen on täytynyt olla häpeissään siitä että hänen syntinsä paljastettiin kaikkien edessä ja hänen on täytynyt vapista pelosta sen tähden että ihmiset aikoivat kivittää hänet kuoliaaksi. Jos Jeesus olisi sanonut että nainen pitäisi kivittää hänen elämänsä olisi päättynyt kivisateeseen.

Jeesus ei kuitenkaan käskenyt heitä rankaisemaan häntä Lain mukaisesti. Sen sijaan Hän kumartui maahan ja kirjoitti jotakin maahan sormellaan. Nämä olivat niiden syntien nimiä joita paikallaolijat olivat harjoittaneet. Kirjattuaan heidän syntinsä Jeesus nousi ylös ja sanoi: *"Joka teistä on synnitön, se heittäköön häntä ensimmäisenä kivellä"* (jae 7). Tämän jälkeen Hän kumartui jälleen ja alkoi kirjoittaa jotakin.

Tällä kertaa Hän kirjoitti kaikkien paikalla olleiden

henkilöiden synnit kuin Hän olisi itse ne nähnyt ja milloin, missä ja mitten nämä synnit oli tehty. Omatunnon tuskissaan ihmiset alkoivat lähteä paikaltaan yksi kerrallaan. Lopulta paikalla oli vain Jeesus ja nainen. Jakeet 10 ja 11 sanovat näin: *"Ja kun Jeesus ojensi itsensä eikä nähnyt ketään muuta kuin naisen, sanoi hän hänelle: 'Nainen, missä ne ovat, sinun syyttäjäsi? Eikö kukaan ole sinua tuominnut?' Hän vastasi: 'Herra, ei kukaan.' Niin Jeesus sanoi hänelle: 'En minäkään sinua tuomitse; mene, äläkä tästedes enää syntiä tee.'"*

Eikö nainen sitten tiennyt että rangaistus hareudesta oli kuoliaaksi kivittäminen? Tietenkin hän tiesi. Hän tunsi Lain mutta teki silti syntiä sen tähden että hän ei pystynyt hillitsemään himojaan. He vain odotti että hänet tapettaisiin kun hänen syntinsä tulisivat ilmi. Kuinka syvästi liikuttunut hänen onkaan pitänyt olla koettuaan odottamattomasti Jeesuksen anteeksiannon? Hän ei olisi varmasti voinut koskaan tehdä syntiä niin kauan kun hän muisti Jeesuksen rakkauden.

Onko Laki sitten turhaa niin kauan kun me rakastamme Jumalaa ja lähimmäisiämme kun Jeesuskin kerran antoi anteeksi Lakia rikkoneelle naiselle? Ei tietenkaan. Jeesus sanoi: *"Älkää luulko, että minä olen tullut lakia tai profeettoja kumoamaan; en minä ole tullut kumoamaan, vaan täyttämään"* (Matteus 5:17).

Me voimme harjoittaa Jumalan tahtoa täydellisesti siksi että meillä on Laki. Me emme voi mitata kuinka syvää tai leveää henkilön rakkaus on jos hän sanoo rakastavansa Jumalaa. Hänen rakkautensa mitta voidaan mitata sen ansiosta että meillä on Laki. Jos hän todella rakastaa Jumalaa koko sydämellään hän pitää Lain varmasti. Tämänkaltaiselle henkilölle Lain pitäminen ei ole vaikeaa. Hän myös saa Jumalalta rakkautta ja siunauksia sen mukaan kunka hyvin Hän pitää Lain.

Jeesuksen ajan kirjanoppineet eivät olleet kuitenkaan kiinnostuneita Lakiin kätkeytyneestä Jumalan rakkaudesta. He eivät keskittyneet sydämensä muuttamiseksi pyhäksi vaan ainoastaan muodollisuuksien pitämiseen. He olivat tyytyväisiä ja jopa ylpeitä Lain ulkoisesta noudattamisesta. He luulivat pitävänsä Lain tällä tavalla ja niin he samantien tuomitsivat ja arvostelivat Lakia rikkovia ihmisiä. He sanoivat Jeesuksen olevan väärässä ja riivaajien hallitsema kun Hän selitti heille Lain todellisen merkityksen ja opetti heille Lain sydämestä.

Fariseuksissa ei ollut rakkautta ja niin Lain pitäminen ei hyödyttänyt heidän sielujaan (1. Kor 13:1-3). He eivät heittäneet pahuutta pois sydämestään vaan ainoastaan tuomitsivat ja arvostelivat muta, loitontaen siten itseään Jumalasta. Lopulta he tekivät syntiä naulitsemalla Jumalan Pojan ristille mitä he eivät enää voineet peruuttaa.

Jeesus täytti ristin suunnitelman kuuliaisesti kuolemaansa saakka

Kolme vuotta kestäneen julkisen työnsä loppuvaiheessa Jeesus meni Oliivivuorelle ennen Hänen kärsimystensä alkua. Yön pimetessä Jeesus rukoili vilpittömästi tulevaa odottaen. Hänen rukouksensa oli huuto sielujen pelastamiseksi Hänen viattoman verensä kautta. Se oli rukous jolla Hän pyysi voimaa voittaa ristin kärsimykset. Hän rukoili erittäin palavasti ja Hänen hikensä muuttui veripisaroiksi jotka putosivat maahan (Luuk. 22:42-44).

Tuona yönä sotiaalt ottivat Jeesuksen kiinni ja kuljettivat Häntä paikasta paikaan kuulusteltavaksi. Lopulta Pilatus langetti Hänelle kuolemantuomion. Roomalaiset sotilaat asettivat piikkikruunun Hänen päähänsä, sylkivät Hänen päälleen ja löivät Häntä ennenkuin he veivät Hänet teloituspaikalle (Matteus 27:28-31).

Hänen kehonsa oli veren peitossa. Häntä pilkattiin ja ruoskittiin koko yö ja tämän jälkeen Hän nousi Golgatalle puista ristiä kantaen. Suuri joukko seurasi Häntä. He olivat kerran toivottaneet Hänet tervetulleeksi huutaen "Hoosiannaa" mutta nyt heistä muodostui väkijoukko joka huusi Hänen ristiinnaulitsemistaan. Hänen kasvonsa olivat niin perinpohjn veren peitossa että ne olivat tunnistamattomat. Kaikki Hänen voimansa olivat ehtyneet Hänen kokemansa kidutuksen tähden ja Hänen oli vaikea ottaa edes yhtä askelta eteenpäin.

Golgatalla Jeesus naulittiin ristille meidän syntiemme lunastamiseksi. Hänet naulittiin puiselle ristille ja Hän vuodatti verensä lunastaakseen meidät jotka olemma Lain kirouksen alla joka sanoo että synnin palkka on kuolema (Roo. 6:23). Hän antoi meille meidän ajatuksissamme tekemät syntimme anteeksi kantamalla päässään piikkikruunua. Hänet jalkojensa ja käsiensä lävitse lyötiin naulat antaakseen anteeksi meidän käsillämme ja jaloillamme tehdyt synnit.

Ihmiset eivät ymmärtäneet tämän tarkoitusta ja pilkkasivat ja halveksuivat Jeesusta joka roikkui ristillä (Luukas 23:35-37). Mutta jopa näissä kauheissa kivuissa Jeesus rukoili Häntä ristiinnaulitsevien anteeksiannon puolesta kuten Luukas 23:34 meille kertoo: *"Isä, anna heille anteeksi, sillä he eivät tiedä, mitä he tekevät."*

Ristiinnaulitseminen on yksi julmimmista teloitusmuodoista. Tuomittu joutuu kärsimään kipua kauemmin kuin muiden rangaistusten yhteydessä. Hänen käsiensä ja jalkojensa läpi lyödään naulat mikä repii hänen lihansa. Hän kärsii vakavasta nestehukasta ja verenkiertohäiriöistä. Tämä aiheuttaa sisäelinten toimintojen hitaan hajoamisen. Tuomittu joutuu myös kärsimään veren hajun paikalle tuomista hyönteisistä.

Mitä sinä luulet Jeesuksen ajatelleen tänä aikana? Hän ei ajatellut hirvittäviä kipujaan vaan sen sijaan Hän ajatteli sitä miksi Jumala loi ihmiset, ihmiskunnan jalostuksen tarkoitusta sekä syytä siihen että Hän uhrasi itsensä ihmiskunnan syntien puolesta. Näitä ajatellen Hän uhrasi sydämellisiä kiitollisuuden rukouksia.

Kärsittyään ristillä kuuden tunnin ajan Jeesus lopulta sanoi olevansa janoinen (Joh. 19:28). Tämä oli hengellistä janoa mikä oli kuolemaan kohti matkalla olevien sielujen voittamisen janoa. Jeesus halusi julistaa ristin sanomaa ja pelastaa sieluja ajatellessaan niitä lukemattomia sieluja jotka olivat elävä tämän maan päällä.

Lopulta Jeesus sanoi: *"Se on täytetty!"* (Joh. 19:30) ja päästi viimeisen henkäyksen sanottuaan *"Isä, sinun käsiisi minä annan henkeni"* (Luuk. 23:46). Hän antoi henkensä Jumalan käsiin tulemalla itsekin uhriksi. Tällä hetkellä kaikista suurin rakkauden teko täytettiin.

Tästä lähtien ihmisten ja Jumalan välillä ollut synnin muuri on revitty alas ja me olemme voineet kommunikoida Jumalan kanssa suoraan. Tätä aikaisemmn ylipapin piti uhrata sovitusuhreja ihmisten puolesta mutta nyt ei enää näin ollut. Kaikki Jeesukseen Kristukseen uskovat voivat nyt tulla Jumalan pyhättöön ja palvoa Häntä suoraan.

Jeesus valmistaa taivaallisia asuinpaikkoja rakkaudessaan

Ennen ristille nousemistaan Jeesus puhui opetuslapsilleen tulevista asioista. Hän sanoi heille että Hän nousisi ristille täyttääkseen Isä Jumalan suunnitelman mutta tästä huolimatta opetuslapset olivat huolissaan. Nyt Hän selitti heille taivaallisista asuinsijoista lohduttaakseen heitä.

Joh. 14:1-3 sanoo: *"Älköön teidän sydämenne olko murheellinen. Uskokaa Jumalaan, ja uskokaa minuun. Minun Isäni kodissa on monta asuinsijaa. Jos ei niin olisi, sanoisinko minä teille, että minä menen valmistamaan teille sijaa? Ja vaikka minä menen valmistamaan teille sijaa, tulen minä takaisin ja otan teidät tyköni, että tekin olisitte siellä, missä minä olen."* Itse asiassa Hän voitti kuoleman ja nousi kuolleista nousten taivaaseen useiden ihmisten nähden. Tämä tapahtui jotta Hän voisi valmistaa meille asuinsjoja. Mitä sitten tarkoittaa että Hän menee valmistamaan meille asuinsijoja?

1. Joh. 2:2 sanoo: *"...Ja hän on meidän syntiemme sovitus; eikä ainoastaan meidän, vaan myös koko maailman syntien.."* Tämä tarkoittaa sitä että kuka tahansa voi päästä taivaaseen uskon avulla sillä Jumala on tuhonnut Jumalan ja meidän välillä seisseen synnin muurin.

Jeesus myös sanoi että Hänen isänsä talossa on monta asuinsijaa, mikä kertoo meille että Hän haluaa jokaisen pelastuvan. Hän ei sanonut että taivaassa oli paljon asuinsijoja vaan että Hänen isänsä talossa sillä me voimme kutsua Jumalaa Isäksi Jeesuksen kallisarvoisen veren kautta.

Herra tekee yhä työtä meidän puolestamme taukoamatta. Hän rukoilee meidän puolestamme Jumalan valtaistuimen edessä syömättä ja juomatta (Matteus 26:29). Hän rukoilee niin että me voittaisimme tämän maan päällä ihmiskunnan jalostuksen ja eläisimme Jumalan kirkkaudessa sielujemme kukoistaessa.

Tämän lisäksi Herra tekee puolestamme työtä Valkean valtaistuimen tuomion hetkellä ihmiskunnan jalostuksen jälkeen. Tämän tuomion aikana jokainen saa tuomion ilman pienintäkään virhettä kaiken sen perusteella mitä me olemme tehneet. Herra kuitenkin puhuu Jumalan lasten puolesta ja sanoo "Minä pesin heidän syntinsä verelläni" niin että he voivat saada paremman asuinsijan taivaassa. Hän astui tämän maan päälle ja koki kaiken mitä ihmiset kokivat minkä tähden Hän puhuu ihmisten puolesta. Kuinka me voisimme ymmärtää Hänen rakkauttaan kunnolla?

Jumala ilmoitti rakkautensa meitä kohtaa Hänen ainoan Poikansa kautta. Tämä rakkaus on samaa rakkautta jonka takia Jeesus vuodatti viimeisen veripisaransa meidän puolestamme. Tämä on muuttumatonta ja ehdotonta rakkautta jonka avulla Hän antaa meille anteeksi seitsemänkymmentä kertaa seitsemän kertaa. Kuka voisi erottaa meidät tästä rakkaudesta?

Apostoli Paavali sanoi jakeissa Room. 8:38-39 näin: *"Sillä minä olen varma siitä, ettei kuolema eikä elämä, ei enkelit eikä henkivallat, ei nykyiset eikä tulevaiset, ei voimat, ei korkeus eikä syvyys, eikä mikään muu luotu voi meitä erottaa Jumalan rakkaudesta, joka on Kristuksessa Jeesuksessa, meidän Herrassamme."*

Apostoli Paavali ymmärsi Jumalan ja Kristuksen rakkauden ja antoi oman elämänsä Jumalan tahdolle elääkseen Hänen apostolinaan. Hän ei myöskään säästänyt elämäänsä evankelioidessaan ei-uskovia. Hän eli Jumalan rakkauden mukaan johdattaen lukemattomia sieluja pelastuksen tielle.

Paavalia kutsuttiin Nasaretin kultin johtajaksi mutta tästä huolimatta Paavali omisti koko elämänsä saarnaamiselle. Hän levitti Jumalan rakkautta sekä kaikkea syvempää Herran rakkautta koko maailmalle. Minä rukoilen Herran nimessä että teistä tulisi uskollisia Jumalan lapsia jotka täyttävät Lain rakkaudella ja elävät ikuisesti Uuden Jerusalemin kauneimmassa asuinsijassa, jakaen Jumalan ja Kristuksen rakkautta.

Kirjailija:
Dr. Jaerock Lee

Dr. Jaerock Lee syntyi Muanissa, Jeonnamin provinssissa, Korean Tasavallassa vuonna 1943. Nuoruudessaan Dr. Lee kärsi useista parantumattomista sairauksista seitsemän vuoden ajan. Ilman toivoa parantumisesta hän odotti kuolemaa. Eräänä päivänä keväällä 1974 hänen siskonsa johdatti hänet kirkkoon, ja hänen kumartuessaan rukoilemaan Elävä Jumala paransi hänet välittömästi kaikista hänen sairauksistaan.

Siitä hetkestä lähtien kun Dr. Lee tapasi Elävän Jumalan tuon ihmeellisen tapahtuman kautta hän on rakastanut Jumalaa vilpittömästi koko sydämellään, ja vuonna 1978 hänet kutsuttiin Jumalan palvelijaksi. Hän noudatti Jumalan Sanaa ja rukoili kuumeisesti saadakseen selvyyden Jumalan tahdosta voidakseen toteuttaa sitä. Vuonna 1982 hän perusti Manminin Central Churchin Soulissa, Koreassa, ja siitä lähtien kirkossa on tapahtunut lukemattomia Jumalan töitä, parantumisia ja muita ihmeitä mukaan lukien.

Vuonna 1986 Dr. Lee vihittiin pastoriksi Korean Jesus' Sungkyul Churchin vuotuisessa kirkkokouksessa, ja neljä vuotta myöhemmin vuonna 1990 hänen saarnojansa alettiin lähettää Australiaan, Venäjälle, Filippiineille ja useisiin muihin maihin Far East Broadcastin Companyn, the Asia Broadcast Stationin ja the Washington Christian Radion Systemin kautta.

Kolme vuotta myöhemmin vuonna 1993 *Christian World* Magazine (US) valitsi Manmin Central Churchin yhdeksi "maailman 50:stä huippukirkosta", ja hän vastaanotti kunniatohtorin arvonimen jumaluusopissa Christian Faith Collegesta, Floridassa ja vuonna 1996 teologian tohtorin arvonimen Kingsway Theological Seminarysta Iowassa.

Vuodesta 1993 lähtien Dr. Lee on johtanut maailmanlaajuista missiota useiden kansainvälisten ristiretkien kautta jotka ovat suuntautuneet Tansaniaan, Argentiinaan, Los Angelesiin, Baltimoreen, Hawaijille, sekä New Yorkiin Yhhdysvalloissa, sekä Ugandaan, Japaniin, Pakistaniin, Keniaan, Filippiineille, Hondurasiin, Intiaan, Venäjälle, Saksaan, Peruun, Kongon Demokraattiseen Tasavaltaan, Israeliin sekä Viroon.

Vuonna 2002 Korean kristilliset sanomalehdet kutsuivat häntä "kansainväliseksi pastoriksi" hänen lukuisten ulkomaisten ristiretkien aikana tekemänsä työn johdosta. Varsinkin hänen Madison Square Gardenissa järjestetty "2006 New Yorkin Ristiretki" lähetettiin yli 220 maahan. Jerusalemin kansanvälisessä kokouskeskuksessa järjestetyn vuoden 2009 "Israel Yhtykää Ristiretken" aikana hän saarnasi rohkeasti siitä kuinka Jeesus Kristus on Messia ja Pelastaha. Hänen saarnojaan on lähetetty yli 176 maahan satelliittien välityksellä sekä GCN TV:n kautta. Vuosina 2009 ja 2010 suosittu venäläinen kristillinen lehti *In Victory* ja uusi *Christian Telegraphy* valitsi hänet yhdeksi maailman 10 vaikutusvaltaisimmaksi kristilliseksi johtajaksi hänen voimallisten Tv-lähetysten ja ulkomaille suuntautuneen työn tähden.

Tammikuuta 2018 Manmin Central Church on seurakunta joka muodostuu yli 130 000 jäsenestä sekä 11000 koti-ja ulkomaisesta jäsenkirkosta kautta maailman, mukaanlukien 56 kotimaista haarakirkkoa. Se on lähettänyt yli 98 lähetyssaarnaajaa 26:n maahan, mukaan lukien Yhdysvaltoihin, Venäjälle, Saksaan, Kanadaan, Japaniin, Kiinaan Ranskaan, Intiaan, Keniaan sekä useaan muuhun maahan.

Tähän päivään mennessä Dr. Lee on kirjoittanut 110 kirjaa, mukaan lukien bestsellerit *Ikuisen Elämän Maistaminen Ennen Kuolemaa, Elämäni ja Uskoni, Ristin Sanoma, Uskon Mitta, Henki Sielu ja Ruumis, Taivas I & II, Helvetti* sekä *Jumalan Voima*. Hänen teoksiaan on käännetty yli 76 kielelle.

Hän on kirjoittanut kristillisiä kolumneja useisiin sanomalehtiin, mukaanlukien The Hankook Ilbo, The JoongAng Daily, The Dong-A Ilbo, The Chosun Ilbo, The Seoul Shinmun, The Kyunghyang Shinmun, The Korea Economic Daily, The Shisa New ja *The Christian Press.*

Dr. Lee on tällä hetkellä usean lähetysorganisaation ja –seuran johdossa, mukaan lukien The United Holiness Church of Korea (presidentti), The World Christianity Revival Mission Association (pysyvä puheenjohtaja), Global Christian Network (GCN) (perustaja ja johtokunnan jäsen), The Worlds Christian Doctors Network (WCDN) (Perustaja ja puheenjohtaja), sekä Manmin International Seminary (MIS) (perustaja sekä johtokunnan jäsen.)

Muita saman tekijän voimakkaita kirjoja

Taivas I & II

Yksityiskohtainen kuvaus siitä ihmeellisestä elinympäristöstä josta taivaalliset kansalaiset saavat nauttia sekä taivaallisen kuningaskunnan eri tasoista.

Ristin Sanoma

Voimallinen herätysviesti kaikille niille jotka ovat hengellisesti nukuksissa. Tästä kirjasta sinä löydät Jumalan todellisen rakkauden ja syyn siihen että Jeesus on Pelastaja.

Helvetti

Vilpitön viesti koko ihmiskunnalle Jumalalta, joka ei tahdo yhdenkään sielun joutuvan helvetin syvyyksiin! Sinä löydät koskaan aikaisemmin paljastamattoman kuvauksen Helvetin julmasta todellisuudesta.

Henki, Sielu ja Keho I & II

Kirja selittää Jumalan alkuperän ja muodon, henkien tilat, ulottuvuudet sekä pimeyden ja kirkkauden, jakaen meille salaisuuksia joiden avulla me voimme tulla hengen täyteyden ihmisiksi jotka voivat ylittää ihmisten rajoituksia.

Uskon Mitta

Minkälainen asuinsija sinulle on valmistettu taivaaseen ja minkälaiset palkkiot odottavat sinua siellä? Tämä kirja antaa sinulle viisautta ja ohjeistusta jotta sinä voisit mitata uskosi määrän ja kasvattaa uskostasi syvemmän ja kypsemmän.

Herää, Israel

Miksi Jumala on pitänyt katseensa Israelissa aina aikojen alusta tähän päivään saakka? Minkälainen suunnitelma on laadittu Messiasta odottavan Israelin viimeisiä päiviä varten?

Elämäni ja Uskoni I & II

Uskomaton hengellisyyden aromi elämästä joka puhkesi vertaistaan vailla olevaan rakkauteen Jumalaa kohtaan tummien aaltojen, kylmien ikeiden ja syvän epätoivon keskellä.

Jumalan Voima

Välttämätön teos joka opastaa kuinka omata aitoa uskoa ja kuinka kokea Jumalan ihmeellinen voima.

www.urimbooks.com

www.ingramcontent.com/pod-product-compliance
Lightning Source LLC
LaVergne TN
LVHW041805060526
838201LV00046B/1137